思想觀念的帶動者

文化現象的觀察者

本土經驗的整理者

生命故事的關懷者

東臺灣 頭頸癌 診治專家

花蓮慈濟醫院 陳培榕醫師 傳記

您的微笑，我來守護！

陳培榕——主述
吳宛霖——撰文

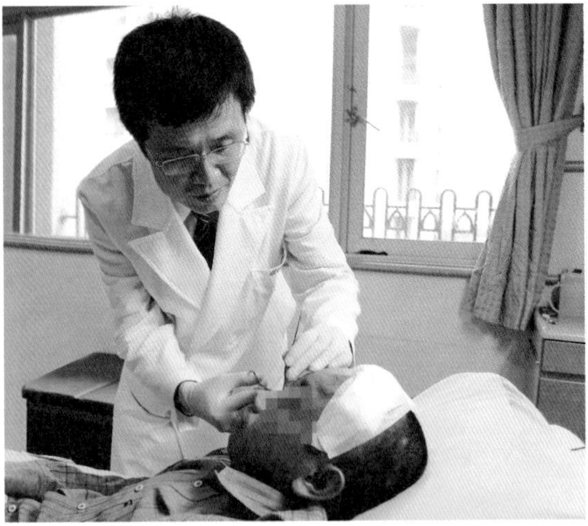

❶ 臺大醫學系畢業的耳鼻喉科醫師陳培榕，1993 年自願來到花蓮慈濟醫院（簡稱花蓮慈院）服務，在臺灣東部首創頭頸癌跨科合作團隊，他從主治醫師、主任到副院長，一路堅守初衷，近 30 年來守護了無數花東病人的生命與健康。

❷ 1998 年，陳培榕（前排左三）創立東部「頭頸癌整合治療團隊」，每兩週舉行一次團隊會議。此照攝於 2007 年跨科團隊會議後合影，這群人的合作不僅大幅提升東部醫療品質、體現了人才培育與傳承的精神，更在醫院評鑑中扮演關鍵角色。前排左四為許文林副院長，右三為解剖病理部許永祥主任。

圖／花蓮慈院提供

❸ 1967 年冬天，過年前第一次拍全家福，右起陳培榕、爸爸陳榮濱，妹妹陳玉靜、媽媽黃美花、弟弟陳培殷，媽媽手抱最小的弟弟叫陳培純。

❹ 1963 年，大約兩歲的陳培榕在臺南老家。

❺ 身為長孫備受寵愛的陳培榕，擁有自己的玩具車。

圖／陳培榕提供

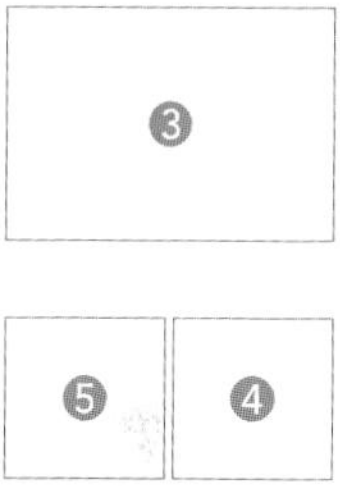

❶ 在臺南老家的天井下，小學時期的陳培榕。

❷ 高三時，陳培榕和也在臺南一中任教的父親合影。

❸ 陳培榕（左一）參與臺大山地服務社，前往臺東利稻、霧鹿等部落服務，與社團好友合影。

圖／陳培榕提供

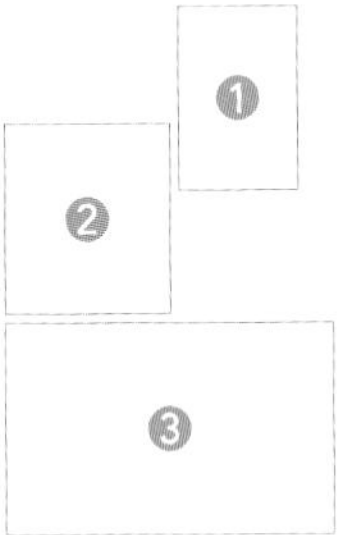

❹ 就讀臺大醫學系時，經常挑燈夜戰的陳培榕。在臺大男二舍 401 室，喜愛攝影的室友張永青為他拍下苦讀照。**張永青／攝**

❺ 2014 年，在臺大醫學院體育館舉辦 1980 年入學的「三十重聚」，當年文理法醫工農各系校友齊聚一堂。陳培榕（後排右三）與醫學系同窗合影（前排左一為知名小兒科醫師陳佩琪）。**圖／陳培榕提供**

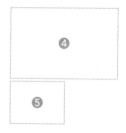

❶ 1988 年馬祖服役時，陳培榕與在馬祖南竿幹訓班一起受訓而認識的預官 37 期軍中同袍合影。右三為擔任醫官的陳培榕。

❷ 陳培榕與妻子、兒子合影，兩個孩子也都跟隨他的腳步踏上行醫之路。

❸ 陳培榕（後排左三）全家福合影，後排左二為妻子楊宜芬。**王淑樺／翻攝**

圖／陳培榕提供

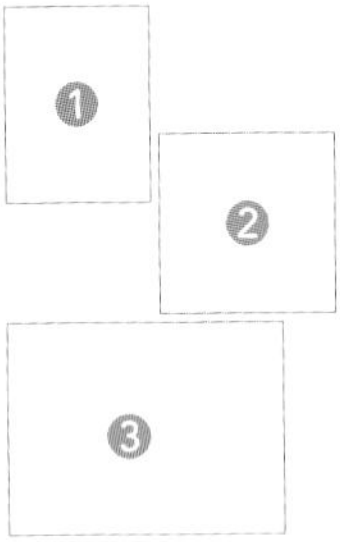

❹ 有許多壯年罹癌的病人，身心備受煎熬。陳培榕經常在查房時不斷鼓勵病人、給他們信心，也讓不少病人走出陰霾後，成為鼓舞其他病友的另類志工。

❺ 每到農曆過年時，陳培榕總會特別致贈福慧紅包，給那些仍待在醫院無法回家的病人，讓他們感受到過年的溫暖，也祝福他們早日康復。攝於 2011 年 2 月。

圖／花蓮慈院提供

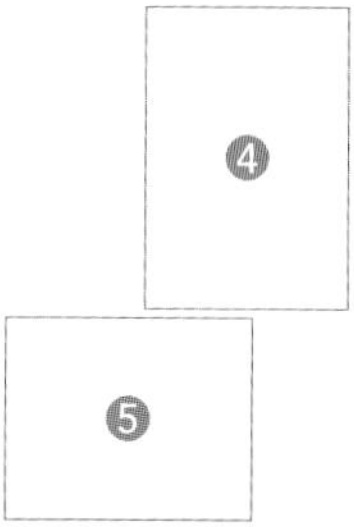

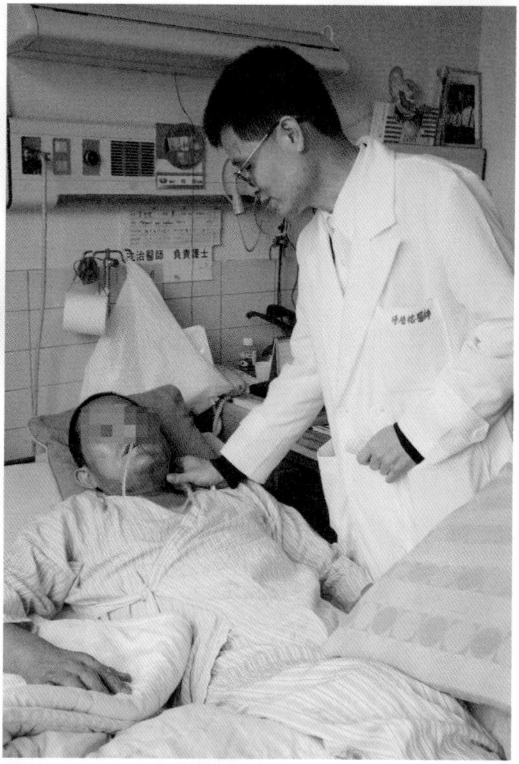

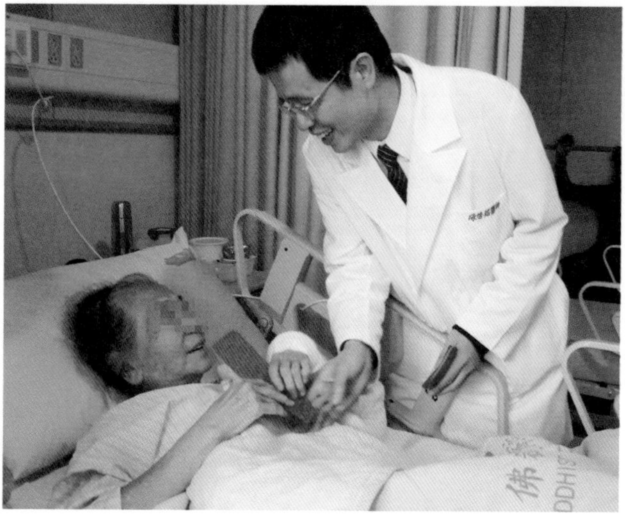

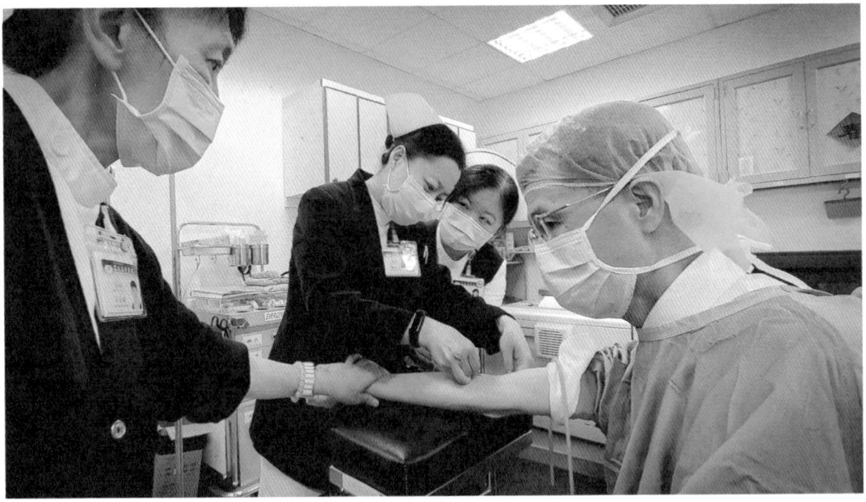

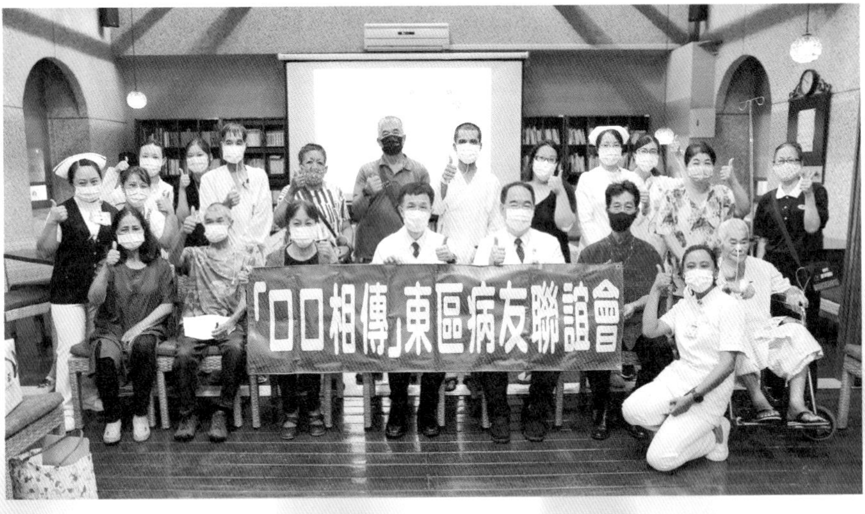

❶ 陳培榕病人多，經常持續看診五、六小時，為避免病人等候，他忍著身體不適也要把病人看完。圖為護理同仁不忍他聲音沙啞、剩下氣音還在看診，請注射室同仁為他施打藥劑緩解，好讓他回診間繼續看診。

❷ 陳培榕為病人成立「口口相傳病友會」，以定期的聚會形式提供醫療新知，並給予病人支持。

圖／花蓮慈院提供

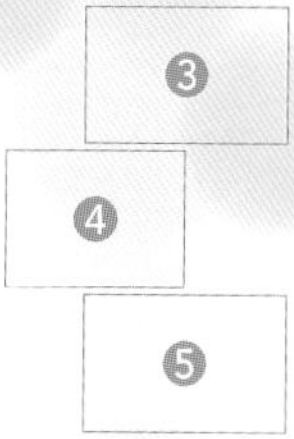

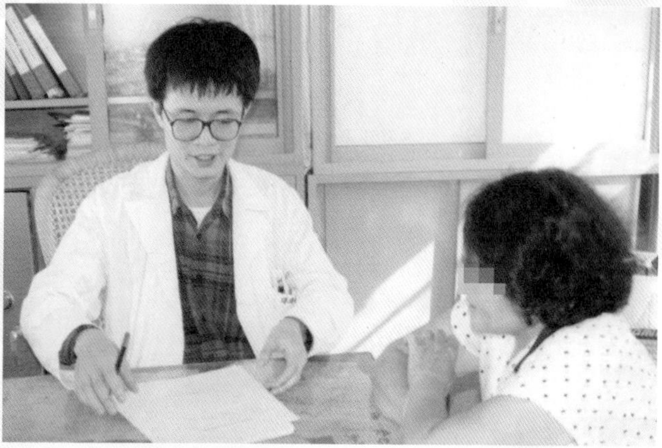

❸ 1993 年剛到花蓮慈濟醫院第一年，年輕的陳培榕參加醫院舉辦的義診。

❹～❺ 2009 年八八風災後，陳培榕跟著志工及義診團隊到屏東縣林邊鄉，穿著雨鞋踩過淹水爛泥，深入受災嚴重的村落設立醫療站，並為一位手部外傷的村民清創縫合。

圖／慈濟基金會提供

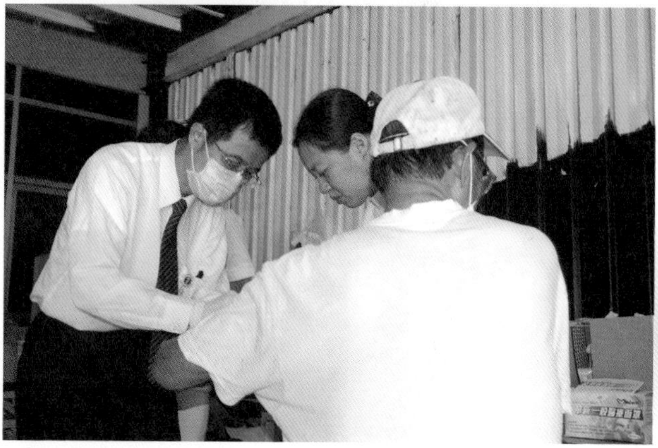

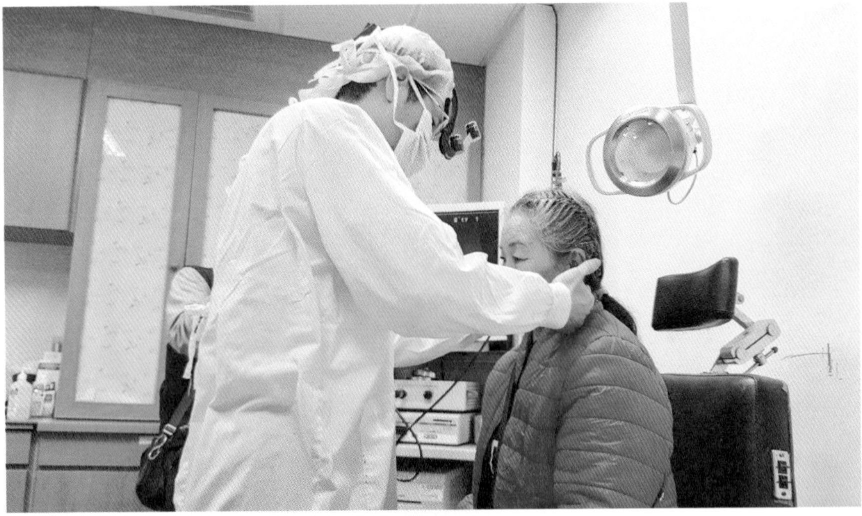

❶ 2017 年，陳培榕前往綠島義診，由於他的親切與專業，讓病人之後甚至從綠島專程到花蓮慈院找他看診。**圖／花蓮慈院提供**

❷ 陳培榕再到綠島義診時，前往探視病人綠島阿嬤，巧遇阿嬤的媳婦，正巧也是他二十年前醫治成功的病人，歡喜合影。**圖／陳培榕提供**

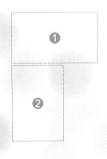

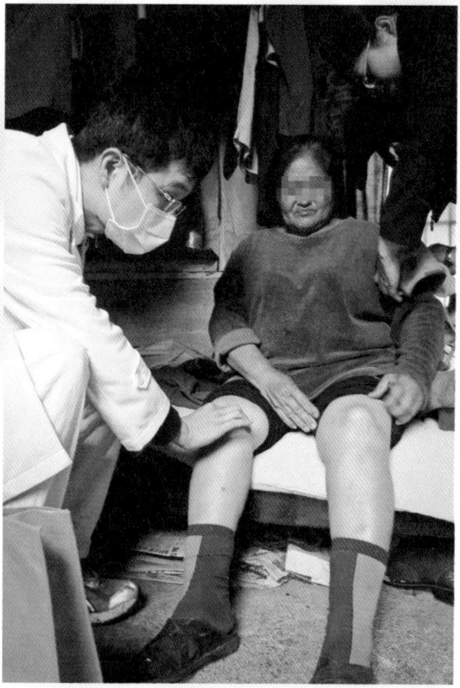

❸ 陳培榕參與義診時，也經常前往行動不便的病人家中往診。

❹ 行事低調的陳培榕醫師，到慈濟三十年來參與過無數義診。圖為他前往花蓮萬榮鄉義診，溫柔仔細地叮嚀病人注意事項。

圖／慈濟基金會提供

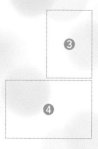

欄告公

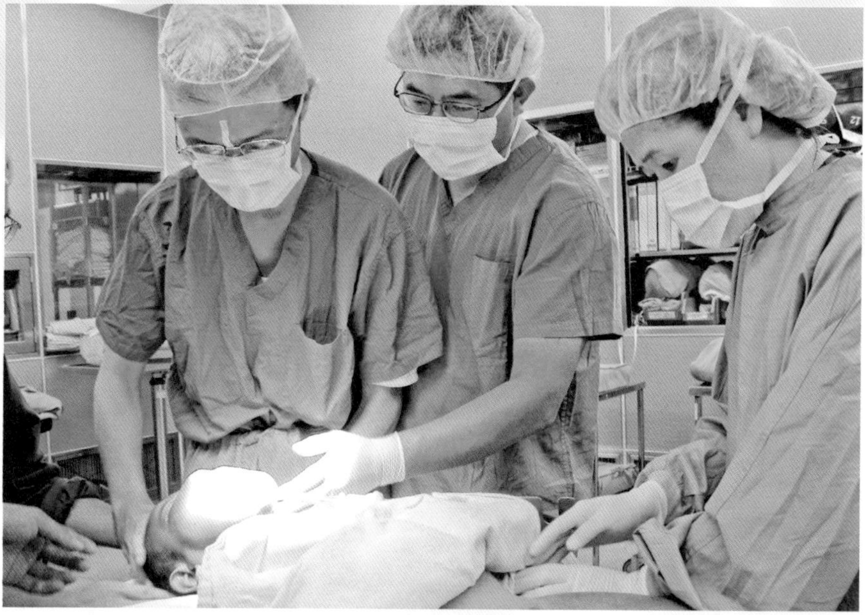

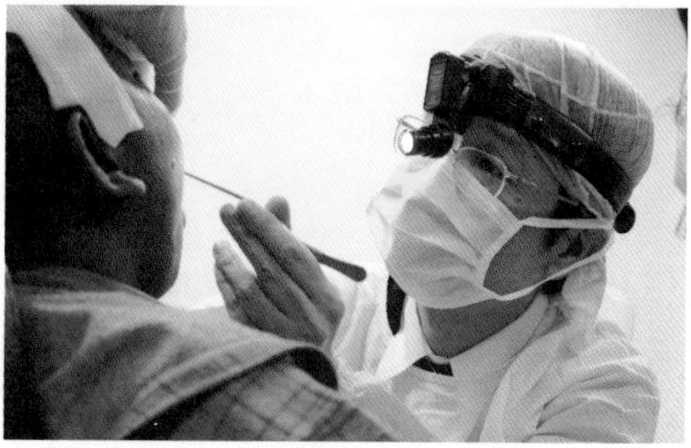

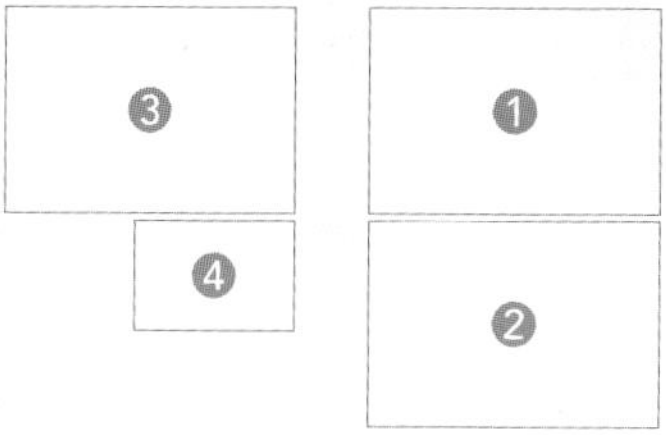

❶ 花蓮慈院醫護同仁與志工前往花蓮榮民之家關懷，陳培榕與老人家話家常。

❷ 花蓮慈院同仁與志工前往花蓮東區老人之家關懷。老人開心吹奏口琴，陳培榕（左）與王志鴻（右）兩位副院長在旁陪伴、高歌引吭。

黃思齊／攝

❸ 2004 年「河馬男孩」諾文狄是花蓮慈院第一位收治的海外病人，圖為陳培榕（左一）在手術室準備為他治療。

❹ 2004 年慈濟人醫會於印尼義診時，發現 15 歲的蘇霏安（Sofyan）罹患纖維性骨腫瘤，右眼球下增生的巨型腫瘤幾乎佔據他半張臉；他在花蓮慈院醫療團隊協助下，順利摘除腫瘤、搶救視力並重新造臉。圖為 2012 年，蘇霏安因右臉的腫瘤增生返回臺灣治療，陳培榕醫師為他看診，後續與醫療團隊為他成功完成手術。

圖／花蓮慈院提供

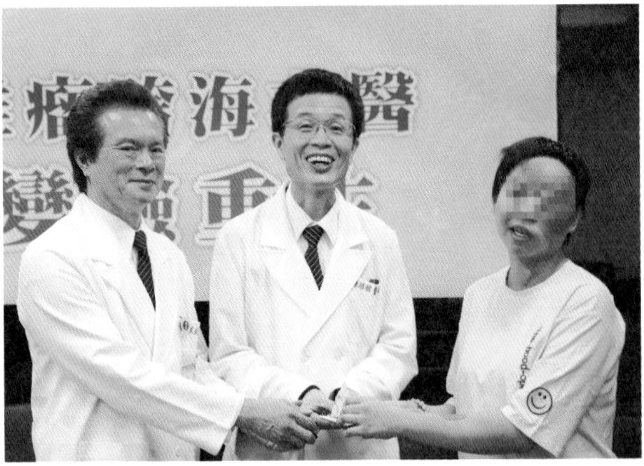

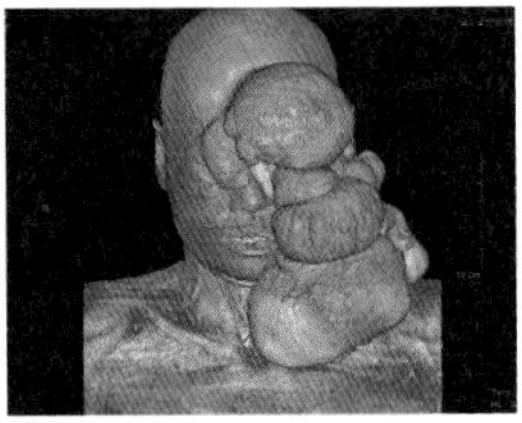

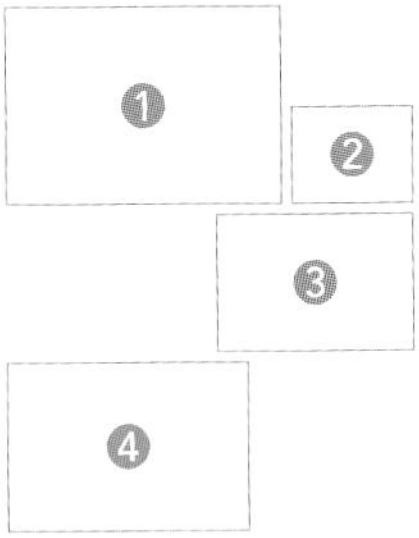

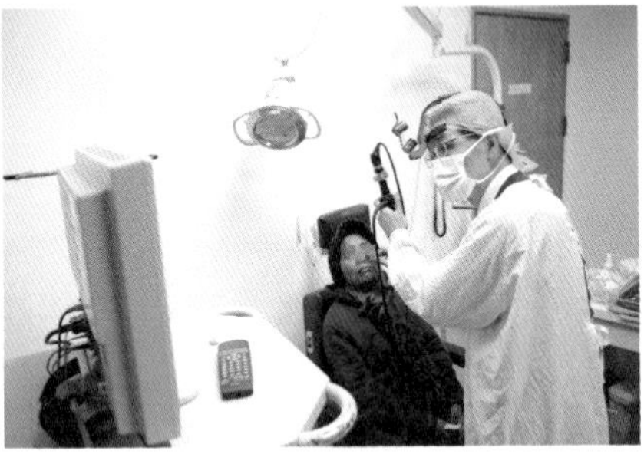

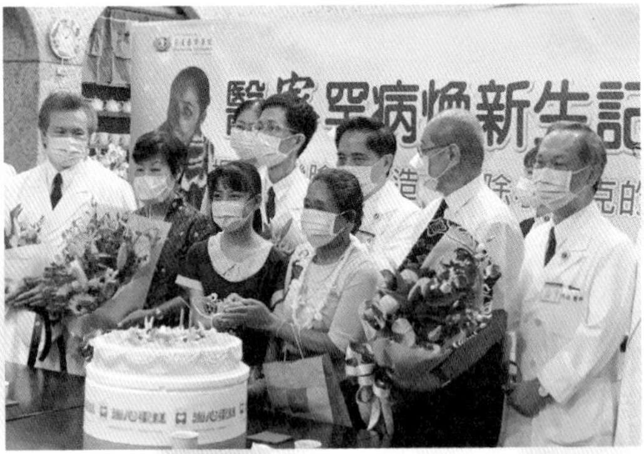

❶ 2019 年，來自馬來西亞的琳琳因惡性皮膚纖維瘤跨海求醫，在花蓮慈院醫療團隊七次手術治療後，重獲新生，她送上卡片感謝醫療團隊，由陳培榕副院長（中）與整形暨重建外科主任李俊達（左）代表領謝卡。楊國濱／攝

❷ 琳琳手術前的腫瘤電腦斷層照。

❸ 來自寮國的板太太罹患鼻神經內分泌癌，在慈濟人醫會寮國義診後，2020 年來到臺灣花蓮慈院接受治療。陳培榕（右）為她檢查臉上的腫瘤。

❹ 陳培榕為板太太完成困難的上頜竇癌手術。花蓮慈院為治療成功的板太太（右三）慶祝重生，主治醫師陳培榕（左四）、整形暨重建外科主任李俊達（左一）及醫療團隊與她合影。

圖／花蓮慈院提供

❺ 陳培榕帶領學生實施頭頸部模擬手術教學後合影紀念。

❻ 招募住院醫師時，陳培榕為醫學生介紹花蓮慈院耳鼻喉科的特色。

❼ 在新冠肺炎疫情下，醫療人員格外辛苦。採檢是耳鼻喉科的強項，圖為陳培榕（左）教導同仁如何採檢。

❽ 在新冠肺炎疫情嚴峻之時，陳培榕支援採檢工作，在戶外中午超過攝氏30度的豔陽下，為外包清潔人員進行鼻咽拭子採檢。

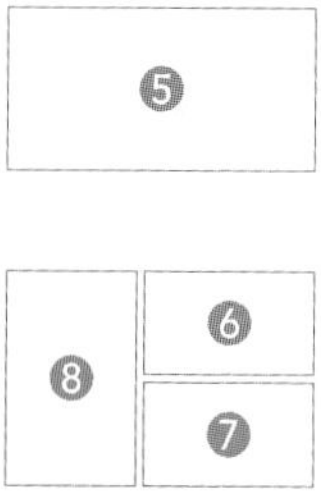

圖／陳培榕提供

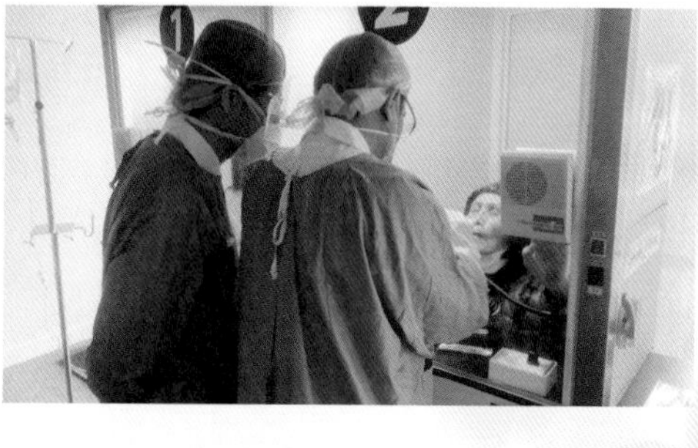

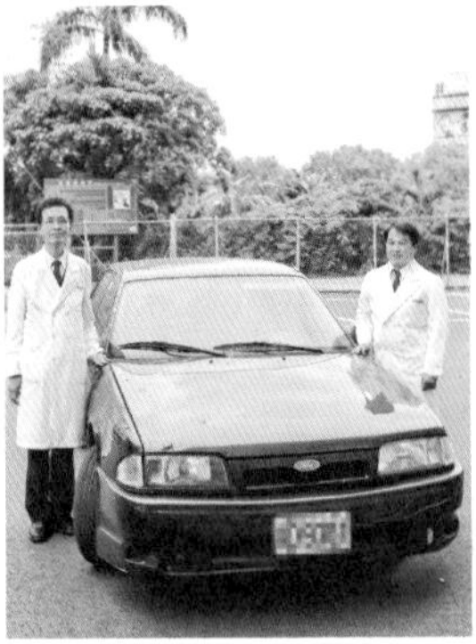

❶ 陳培榕（右三）與臺大恩師楊思標教授（右四）、杜詩綿院長夫人張瑤珍（左三）、德如師父（左二）、志工顏惠美（右二）等合影，他們是從慈院早期就與陳培榕一起胼手胝足的前輩，令他覺得這張合影格外有意義。圖／花蓮慈院提供

❷ 早年，陳培榕開了 15 年的福特天王星，終於要換車了，看到他的愛徒周昱甫醫師天天騎機車上下班，於是把天王星交給他，周醫師又繼續開了 15 年。如今這輛車已經很少開了，但周醫師仍把它當成經典老爺車保養收藏著，也像紀念著珍貴的傳承之情。謝自富／攝

❸ 2004 年，傾力支持慈院的頭頸部腫瘤權威徐茂銘教授前來花蓮慈院指導手術，術後與全科醫師合影。前排左起：陳培榕醫師、徐茂銘教授、徐莉萍醫師（徐教授之女）、黃同村醫師（時為 V1，現為台北慈院耳鼻喉科主任）；後排：左一為溫羽軒醫師（時為 R3）、左三為周昱甫醫師。圖／陳培榕提供

❹ 長年維持路跑習慣保持體力的陳培榕，在每年院慶時的精舍路跑活動中，總是前幾位抵達終點。圖／花蓮慈院提供

❺ 陳培榕受證成為慈誠委員，法號濟榕，與慈濟基金會副總執行長林碧玉合影。圖／花蓮慈院提供

❻ 陳培榕在花蓮服務 23 年後，於 2016 年獲得花蓮醫師公會頒發醫療奉獻獎，實至名歸。圖／花蓮慈院提供

❼ 在陳培榕的努力下，花蓮慈院耳鼻喉科從最初的一人科到現在已經成為實力堅強的團隊。圖為陳培榕與耳鼻喉科二五西病房醫護團隊合影，攝於 2022 年。

終 點

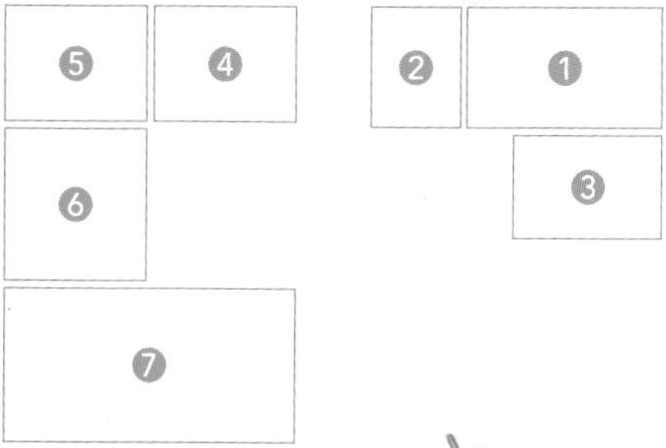
5
4
2
1
3
6
7

目錄

第5部 無私醫者心

推薦序一

行醫三十五年，堅守初衷

林俊龍／佛教慈濟醫療法人執行長

有一種人，身懷技藝卻行事低調；看起來樸實無華，卻總在默默耕耘、只為給病人最好的治療與照護，花蓮慈濟醫院的陳培榕副院長就是這樣的人。更難得的是，我看著他這麼多年，他從未改變，他一直以來身體力行的就是證嚴上人常說的「守護生命、守護健康、守護愛」。

到最需要的地方行醫

一九九三年夏天，臺大醫學院畢業的陳培榕，在完成住院醫師的訓練後，自願來到花蓮慈院服務。當時願意來花東的醫師非常少，因而早期耳鼻喉科只靠他一人身兼主任與主治醫師三百六十五天ON CALL——白天看門診、開刀，夜晚照顧病房病人；半夜只要接到急診電話，五分鐘火速從宿舍趕到急診。但他沒有怨尤，一肩承擔，還邀請了臺大的師長們前來花蓮指導、引薦人才，努力在臺灣東部扎根、教學、研究、開創。

一九九八年，陳培榕在臺灣東部率先成立第一個「頭頸癌跨科整合治療團隊」，由耳鼻喉科、放射腫瘤科、血液腫瘤科、整形外科、牙科、復健科、病房、護理團隊等跨科共同治療照護病人。跨科醫療團隊可為每一位困難治療的病人制定專屬的醫療計畫。

為什麼會有這樣的契機呢？

根據國健署統計，每年超過八千人罹患口腔癌，超過三千人死於口腔癌。口腔癌的發生，其中一項重要原因即是「嚼食檳榔」，世界衛生組織（WHO）早已將檳榔列為一級致癌物，也曾有媒體以聳動的標題「十個口腔癌，九個嚼檳榔」來說明檳榔對健康的危害。而花蓮、臺東曾有很長一段時間，檳榔嚼食率經常名列全臺前兩名，口腔癌的發生率排名則常在全國前五名之內。

整個花東（包括東海岸、花東縱谷到臺東）約有七成的頭頸癌（包括口腔癌）病人會到花蓮慈院就診，陳培榕帶領的耳鼻喉科團隊一年大約要治療兩百位癌症病人。通常耳鼻喉科開刀將腫瘤清除乾淨後，再由整形外科協助縫補回去，有時要拿身體其他部位的皮瓣來修補、接血管，甚至還要接骨頭，時常是超過十幾個小時的手術，非常辛苦。正如書中提到的，頭頸癌的手術又被暱稱為「大刀」，因為開刀時間又長又累，花蓮的病人多，治療經驗豐富可靠，而被稱為「大刀的故鄉」，陳副院長帶領的跨科團隊合作有非常好的成效，存活率相當高，完全不輸西部的醫院。

照顧病人，無微不至

罹患頭頸癌的病人中有近乎九成為男性，發病時大多是中壯年，對家庭生計影響很大，因此也難免遇到喪失鬥志、甚至想放棄治療的病人。陳培榕醫師總是耐心十足地鼓勵病人：「不要擔心，人只要活著就有希望！」「我看過比你更嚴重的病人，他們接受治療後維持得不錯……」。每每術後，他頻繁地查房、探視病人。病人總誇他，不但醫術好，還特別溫柔有耐心、替他們著想。他對病人的好與精湛醫術，也打響了花蓮慈院頭頸癌醫療照護品質的口碑。甚至曾有段時間，到放射腫瘤科接受治療的癌症病人，接近七成都是耳鼻喉科的病人。

頭頸部癌症的轉移相較來說比其他癌症少，只要手術拿得乾淨，存活率就高，因此陳培榕有許多十年、二十餘年的病人都長年跟著他，在花蓮慈院追蹤治療。他也用跑馬拉松的精神，來陪伴病人治療這種難纏的癌症。他所照顧的許多病人都是辛苦人，為了照顧這些癌友，他還成立了「口口相傳病友會」，請了營養師、復健師和中醫師來跟病友和家屬分享，讓癌友們在面對漫長的治療之路，能有更多的支持與希望。他的用心與付出，讓有些老病人也成了他的志工，協助去鼓勵那些同樣罹癌的病友。

參與義診，行遍偏遠之地

地形狹長的花東，醫療資源多集中在花蓮市區，就醫路途遙遠，讓南區的鄉親往往拖到病情嚴重才來到市區花蓮慈院就醫，因此自玉里慈濟醫院成立以來，陳培榕每週一次前往玉里看診，直到他帶領的子弟兵能共同參與任務後，他才改成每兩週一次。他通常搭乘一早五點半的區間車前往玉里，七點十五分準時為透早就來等待的鄉親、老人家看診。這份堅持守護南花蓮鄉親的心，持續二十二年都沒有改變。

在教學方面，即使他已身為副院長，要兼顧臨床、教學與行政等重任，他依然手把手親自帶著初出茅廬的住院醫師，傳授開刀技法、從頭到尾在旁細心指導。經常參與義診的他，更喜歡帶著學生去行動不便的病人家中往診，因為那是能讓學生親眼目睹病人的處境、見到病人身處在多麼偏遠，來一趟醫院有多麼不方便的地方，進而能體會病人的艱辛而生出一份愛護的心。

從宜蘭、花蓮、臺東到綠島，每一處窮鄉僻壤都有陳副院長義診、往診服務的身影。每當臺灣發生重大的災難，他也是頂著風雨、穿起雨鞋跟著慈濟人醫會與慈濟志工一起前往災區。譬如八八風災時，我們便會一起深入屏東林邊的重災區義診，他還幫助手部受傷的鄉民清創、縫合傷口。

心思細膩的他，到臺東各地義診時，總會通知住在附近的病友順便去「回診」，如此就可以少跑一趟花蓮慈院追蹤（臺東到花蓮市往返需四到六小時）。然而，沒想到後來竟演變成病人奔相走告，只要他到哪裡義診，住在附近的病友便組團去等他，有時送上自家種的蔬果、點心，成了溫馨見面會。這就是這位默默做事、從不大聲說話、總默默照顧病人，卻也默默擁有許多病人粉絲愛戴的陳培榕副院長。

三十年來，花蓮慈濟醫院一直是臺灣東部唯一有耳鼻喉科二十四小時急診的醫院；耳鼻喉科能從一人科到如今次專科完備且陣容堅強的團隊，醫療專業水準甚至超越西部許多醫院，這都是陳培榕醫師的功勞！他讓花東病人不必遠至西部求診，在花蓮就能獲得最佳治療。感恩陳培榕副院長以仁心仁術，為病人、為偏鄉、為傳承的無私付出，他是最佳的「人醫」典範！能為此書寫序，深感榮幸，更望後起醫輩能群起效之，莫忘行醫初衷！

推薦序二

東臺灣的頭頸部癌症患者守護神

許權振／臺中慈濟醫院副院長

陳培榕副院長是我臺大醫學系的學弟，他進入臺大醫院耳鼻喉科當住院醫師時，我是年輕的主治醫師，臺大的住院醫師每位都非常優秀，說實話，當時我對他沒有特別印象。陳副是臺南人，但當他完成住院醫師訓練後，毅然選擇到醫療資源嚴重缺乏的後山花蓮慈濟醫院當主治醫師，發願照顧偏鄉弱勢族群，確實讓我另眼相看，更沒想到他就這樣無怨無悔地一直留在花蓮，至今已進入第三十個年頭了。

陳副是個「讀書狂」，在大學時期開始閱讀大量的世界名著，尤其喜歡托爾斯泰和佛洛伊德的作品，且深受這兩位人文主義者和思想家的影響。一九八六年，他來到花蓮慈濟醫院當實習醫學生，那是他第一次知道有「慈濟」這樣一個宗教團體，而證嚴法師因為感受花東地區居民長年忍受醫療資源嚴重缺乏之苦，而「自不量力」地蓋了這間花蓮慈濟醫院。因緣際遇，他在花蓮慈濟醫院實習時，常常看到證嚴上人在病房關心病人，有一次不經意地聽到證嚴上人對一位多重性創傷的重症病人說「費用的問題不要太擔心，好好地把病養好，才能夠回到工作崗位。」讓他馬上佩服且感動地體會到所謂的「卡里斯馬（charisma）」。原本只是書本中描述的宗教情懷，卻活生生地顯現在他的眼前，怎能不讓他震撼，此事也因而埋下他決心追隨上人實踐「慈悲喜捨」的佛教精神的契機。

癌症手術比一般良性腫瘤的手術困難多了，手術從早開始，到晚上才結束的情形，是常有的事，況且癌症最棘手的就是會不停地復發，需要一次又一次地手術，所以癌症醫師注定被他的癌症病人跟定一輩子。陳副是頭頸部癌症的專家，我很佩服像陳副這樣的癌症醫師，既有愛心，又有耐心，總是以病人的事為優先，處處為病人著想，從不放棄病人，全心只有想如何提供最佳的治療，如何撫慰病人和家屬，使他們安心。同儕們一個個隨著年齡的增加，體重也隨著增加，但是他反而是越來越仙風道骨，這應該和他對病人如此責無旁貸地付出而心力透支有關吧！更難能可貴的是，他居然樂此不疲，讓人不捨。

從玉里慈濟醫院啟業開始，陳副就每兩週到那裡看門診一次，清晨四點半左右天還沒有亮就得起床，摸黑到花蓮車站搭臺鐵區間車風塵僕僕地到玉里，一趟要一個半小時，光是乘車來回就花三個小時，即使在他已經貴為副院長，又是教授，他為偏鄉弱勢族群服務的初心從未改變，現在他仍然持續到玉里慈濟醫院看門診，在這樣來回奔走的二十二年間，挽救了無數病人的生命，怎麼不令人肅然起敬。此外，有時因科內經費拮据，而治療病人不能等，陳副會自掏腰包購買治療病人所需的設備，只要能儘快幫助病人，根本不考慮要花他多少錢，這種被世俗功利視為「呆子」的行為，不得不令他的同事和學生欽佩不已。

在本書中，陳副娓娓道來他的生長過程、求學、當醫官、住院醫師訓練以及醫師生涯的心路歷程。讀者可以看到一位充滿使命感、追求真理的理想性格的年輕人，如何淡泊世俗物質享受，度過那段篳路藍縷、慘澹經營花蓮慈濟醫院耳鼻喉科的日子，最後使花慈耳鼻喉科成為東臺灣的頭頸部癌症患者以及耳鼻喉有關的急症、重症病患的守護者。陳副人傷我痛、同體大悲的菩薩身影在本書中處處可見，他於一九九八年率先成立東部最早的癌症跨科整合治療團隊，大大地提升花蓮慈院頭頸癌的醫療照護品質和口碑，所以花東的頭頸部癌病人，大多數都選擇到花蓮慈院治療，稱他為東臺灣的頭頸部癌症患者守護神，也是實至名歸而已，他堅守醫療倫理和視病猶親，默默工作而不爭功諉過的風格更足為後輩的典範。很榮幸能為此書寫序，推薦值得您一讀，相信讀後您也會跟我一樣滿心歡喜和感恩。

推薦序三

我所認識的培榕

王浩威／精神科醫師

認識陳培榕副院長並不是因為曾在花蓮慈濟醫院共事才開始的，而是更久以前。那時他還不是副院長，他是我許多好朋友裡的其中一人，而我總稱他為「培榕」。

我雖然畢業於高雄醫學院（現為高雄醫學大學），而不是臺大，但是因為高我一屆的同鄉世交學長林正焜的關係，也就跟當年臺大醫學院以編撰著《臺大醫訊》為傳統的這一群人都成為了好朋友。在這群人裡，培榕並不在最出風頭的那幾位當中，卻總是在他們重要的關頭，默默承受起關鍵性的責任，譬如說：在雜誌青黃不接的時候，接下醫訊社的社長等等。

對於不了解那個時代背景的人們，也許不知道接下這個職務意味著什麼。那是所謂黨外運動還相當辛苦的時候，總是會聽到有誰又被抓走了。而學生運動雖然沒有位處任何核心位置，但畢竟也是許多社會運動者昔日啟蒙或起步的地方，所以還是相當受到重視。在一九七七、七八年以後，原本向來在臺大校總區活躍的學生運動，不知為什麼陷入了低潮，此時重心反而移到徐州路來，包括法學院，特別是醫學院。於是，在接下來的七、八年甚至更久，臺大醫學院也就成為了全國學生運動最具影響力，卻沒有太多組織的聚集點。

就這樣，每次我從高雄有機會回臺北的家裡，自然就會跑去跟大家會合。那時候還沒有手機，甚至沒有 BB Call，但是只要傍晚到「龍門水餃」就可以遇到大家了。我並不是唯一這樣的外校學生，其實包括政大、輔大、文化等等，幾乎參與學生運動的學生們，也都是如此。而龍門水餃那時候還不是店面，只是在一片廣場上的攤子，現在早已不見蹤跡，而原地點之後被改建為「臺北市青少年育樂中心」（現為臺北市青少年發展處）。

那些年，在這片廣場上總是人來人往，大家也許是從學校直接過來（不過這樣的最少，似乎大家都很少去上課，但成績總是還不錯），也許是從楊碧川老師 1 那裡的讀

1 楊碧川為臺灣作家、社會主義研究者。

書會結束後過來，或者是發完了傳單、編好了地下刊物才過來的。在這一群來來往往的朋友，大家總是交換著訊息，談論令人挫敗的話題，偶而才有幾聲笑聲，化解一下這一切令人感到沉重的心情。

在這樣的喧嘩裡，培榕永遠不是最搶眼的。他不是雄辯滔滔引起大家矚目的那種人，不是義憤填膺的浪漫者，也不是說說笑笑逗人開心的人物；只有在大家的談話開始激動而混亂時，沉默已久的他，忽然用他的臺灣國語，短短的幾句話就讓大家安靜下來，那不是被壓抑下來的沉默，而是開始因為他的話而沉思，以至於一下子之間忽然都安靜了。

培榕不多話，更不搶眼，也不是在活動中最活躍的，卻總是隨著時間而顯得越來越重要。

後來我也到臺大醫院擔任住院醫師，在精神科。遇到培榕的機會也就越來越多了。我比起培榕，可能大兩屆左右吧。在過去學生運動出身的醫學院學生裡，似乎做公共衛生和精神科的最多，其他則是分散在小兒科、家醫科、神經外科、眼科、心臟科等等，而培榕好像是唯一一位走上耳鼻喉科的。那些年耳鼻喉科的錄取門檻是所有科別中最高的，有資格挑戰又同時參與學生運動的，恐怕沒有幾個吧。

在慈濟的醫療志業體裡，花蓮慈濟醫院是最早落成的。一九八六年大樓落成啟用，杜詩綿教授擔任院長，曾文賓教授擔任副院長，都是臺大醫學院的前輩老師，這也意味著一開始和臺大醫學院、臺大醫院密切合作的關係。那時候的花蓮還很遙遠，還沒有雪山隧道，甚至宜蘭也被視為東部。要來到花蓮，坐火車是漫長的，而醫生是忙碌的，因此如果趕時間而沒辦法搭火車，只能搭復興航空的飛機，坐上小小的機艙，往往會遇到很多慈濟的醫師同事。

我在臺大醫院擔任住院醫師是一九八七年以後的事情。大約在一九八九年，臺大精神科到花蓮慈濟醫院支援。如果沒有記錯，是林信男教授、宋維村教授等人開始帶頭的，後來第三年的住院醫師和第四年的總醫師也陸續加入了。我和很多慈濟的醫師同事一樣，是在總住院醫師的階段決定到花蓮慈濟來正式全職工作的，一九九〇年以後開始密集支援，直到一九九一年到花蓮工作時，便抱著準備要一輩子定居下來的決心。

我不曉得晚我兩年的陳培榕醫師，當年是怎麼想的。直到看了這本傳記時，我才知道原來是受到杜詩綿院長人格魅力的影響！不過，就像當時很多來到花蓮慈濟的同仁一樣，或多或少都懷抱著要到偏鄉服務的心情，更何況是從學生時代就參與那麼多社會運動的培榕。

記得剛剛來到慈濟時，一個科只有我這麼一個人。慢慢地，有了社工趙慧萍，接著是心理師陳麗美，後來再有了才從美國專攻諮商心理回來的蔣素娥，然後是昔日的同事楊明敏醫師，這科才慢慢熱鬧起來。

還是一個人的時候，十分感謝當時家醫科主任王英偉的照顧。比我早到慈濟許多年的王主任，已經建立起固定到花蓮各個偏遠鄉鎮巡迴醫療的小小團隊。這一個團隊雖然人數不多，但每個人都相當熱愛這樣不計薪酬的付出，直到今天，我雖然沒辦法記住他們的名字，但是每張認真工作的臉龐，在我的記憶裡，依然能隨時浮現眼前。我很幸運，王英偉主任收容了我。每個禮拜固定出門巡迴醫療時，到了預定的目的地，當他們展開醫療服務時，我就開始和當地的公衛護士進行社區精神醫療的相關工作。後來，在王主任的啟發之下，我也接下了省政府東區中學心理輔導工作，以花蓮女中為基地，開始一個人開著二手車，可能這個禮拜北上到宜蘭縣的羅東高中，而下個禮拜則是在臺東太麻里的大王國中。

就這樣過了兩年，陳培榕醫師來了，可能是要接替當時準備離職的醫師吧，這在當時是十分平常的情形。每年都有些人離開了，又有更多的人過來。儘管我還記得，當時上人經常勉勵我們：「有多大的願，就有多大的力！」然而，並不是每一個人都有這麼深切的決心，可以發出這雷霆般的宏願。即便當時自己以為是下定最大的決心了，但在那樣年輕的生命階段，對自己可能的認識，事後回想起來其實還是很淺薄的。更何況每個人都有他自己的生命處境必須要去面對，能否留下來待在花蓮堅持原來的理想，還是有很多背後的因緣來決定的。

在花蓮慈濟醫院的那段時間，我自己也很幸運，經常有機會聽上人的開示，甚至在他身旁聽他的慰勉和啟示。當時我在臺大醫院的兼任門診是星期六早上，因此利用這個機會繼續接受兒童精神醫學的專科訓練，而這堂課往往星期五晚上就開始了，所以必須搭下午三點多的自強號上臺北。而上人當時為了臺北以及臺灣其他地區的信眾，似乎也是例行搭這班火車北上。我因此經常在熱心的師姊們安排下，與上人並坐，從花蓮一直聊到臺北，直到火車到站為止。

然而，儘管有這麼多美好的機會，一九九五年，我還是離開了。我還記得當時不得不離開的情形，每天在十一樓宿舍的陽臺，眺望遠處的花蓮市區，甚至更遠的海上天光。我以為自己是精神科醫師，對於自己的心理狀態有一定的了解和掌握。然而，等到恢復在臺大醫院擔任主治醫師開始工作的幾個月後，我才忽然回想起來，其實那一段時間自己陷入了嚴重的憂鬱。因為當年是如此地下定決心，準備一輩子就在這個地方工作到老死為止，因此和這塊土地上的許多個人關係和公眾事務都有了很多的情感牽絆，包括門診那些病人，還有他們不離不棄的家人們。這份牽絆是如此深遠，遠遠超過我意識層面的理解。那些在無意識深處深深植入的感情，也就是我根本沒有意識到的這一切，在來不及認識以前，更談不上任何的哀悼，就知道自己必須離開了。也因為如此，我在自己後來的一本書《憂鬱的醫師，想飛》，稍微提到了自己當時的心情。

培榕來的時候，剛好這一些事情正發生著。我十分感謝當時培榕的支持，他可以說是堅持到最後一刻的少數幾位伙伴之一。我認識的培榕，有情有義，但也有他的有所為、有所不為。

在離開花蓮以後，培榕和李明亮校長是我最常在不同的場合有機會遇到的人。在昔日臺大醫學院學生的聚會裡，或是當年學生運動參與者的聚會裡，每隔兩三年，總是有遇到培榕的時候。有時參加的人實在太多了，兩個都很忙碌的人因為到達時間的不同，遠遠相隔，來不及寒暄就分別離開了；偶爾坐在一起，就可以聽他說起花蓮慈濟最近的情形。他知道我是關心的，都會讓我了解慈濟醫院現在的發展情況又是如何了。

培榕的耳鼻喉科原本就是我不熟悉的領域，這些年來又是兩地相隔，對於他的生活和專業都沒有機會真正地好好認識。或許正因為隔著這樣的距離，很多事情反而有另外一種層次特別清晰。

我因此知道，培榕是個穩定的人：不只是外在的沉穩，他的內心也是安定地走向他決定投入的方向與道路。同時，培榕也是個熱情的人：他的沉穩可以如此地持續下去，就是因為他內在的熱切讓他對這一切繼續執著。這一切，比培榕虛長兩歲的我，完全沒辦法做到。這完全是基於他個人獨特的性格，還要有一定的修養才能夠做到。這一切我很清楚，因為我自己確實是做不到的。

讀著培榕這本前半生的傳記，我才了解培榕更多，特別是他在專業上所關心的一切。我喜歡培榕這個人，也喜歡這一本書，以及這本書背後如此濃烈的愛和悲憫。

第1部

小宇宙裡的守護者

陳培榕請病患張開嘴巴，調整了一下頭燈，將燈光對準病人口中，目光仔細地搜尋了一趟，他看到四年前進行過牙齦手術的部位和舌頭之間，長出了一顆可疑的息肉，他向病人說明並獲得同意後，當機立斷，以門診手術切下這個可疑份子並立刻送驗。

這是十幾年來，阿玲（化名）所經歷過大大小小的口腔手術中，幸運可以在門診手術就解決的問題。九月二十日是她回診的時間。一大早，她的三女兒佩佩就載著她從臺東的成功鎮沿著臺十一線公路北上，到花蓮慈濟醫院耳鼻喉科陳培榕醫師門診的候診處等候叫號。

六十八歲的阿玲姊，是陳培榕超過十年的老病人。「陳醫師！你怎麼又瘦了！要多吃一點！」阿玲每次回診，看到陳培榕總是擔心他太忙、太瘦！十幾年前她被診斷出口腔癌，經歷過各種大小手術。住院期間，常常到晚上九點，她看到陳培榕在看完午診及夜診後，還來巡房關心她的狀況。她總是跟女兒佩佩說：「陳醫師頭上還戴著頭燈就跑過來了！怎麼會忙到那麼晚，有夠可憐！」

從花蓮沿著東海岸南下一百二十公里處便是成功鎮，沿途會先經過石門洞、石梯坪、再越過秀姑巒溪上的長虹橋，繼續往南進入臺東，過了北迴歸線地標、八仙洞之後，還要沿著海岸往南。當你看到海面上有著突出的奇岩和一座橫越海上的拱橋，那就是有名的東海岸景點三仙臺，它位於成功鎮海岸，當地人稱「成功鎮」為「新港」，新港漁港就在距離三仙臺不遠處。

成功鎮背山面海，地理位置絕佳，風景優美加上知名的觀光景點三仙臺，是東海岸相當熱鬧的聚落，夏天更吸引許多遊客在海邊戲水。

成功鎮也剛好是洋流黑潮與親潮必經之地，每年三至六月是漁產最豐富的季節，十月東北季風帶來旗魚群，在海上蔚為奇觀。成功鎮也因此成為東海岸最大、最重要的漁港，有許多居民以捕魚、賣魚為生。

每天下午，是成功漁港最熱鬧的時刻，包括遠洋漁船、近海捕撈以及定置漁場的漁貨都正準備上岸。阿玲姊的先生——龍哥，在親戚位於成功所經營的漁獲批發行上班，負責將最新鮮、準備外銷的水產過磅並送上貨車，運載漁貨北上，趕在深夜前運抵桃園國際機場，讓漁獲順利搭上飛機，他再連夜開車回到成功，準備下一次的出勤。

因為需要長時間開車，龍哥常藉著吃檳榔和抽菸提神，回到家後則會喝酒放鬆。

阿玲十九歲就嫁給龍哥，兩人生育了六個孩子。他們原本接下了家傳的務農工作，以水稻、玉米、地瓜和花生輪作維生。健康年輕的阿玲甚至可以一個人扛起四、五十公斤的麻布袋也不以為苦。但務農收入較少，為了拉拔孩子長大，改善家庭生計，龍哥和阿玲決定轉業，龍哥便去阿玲的姊夫經營的水產公司工作，阿玲則是到東海岸三仙臺國家風景區擔任清潔人員。由於先生常常拿出檳榔請阿玲吃，阿玲從原本偶而吃幾顆，到越吃越多，吃上了癮。剛吐出一顆檳榔渣，幾乎才不到五分鐘，她就又嚼上一顆，停不下來。

孩子們一個個長大之後，接觸到各種檳榔對健康有危害的資訊，而且漁港裡也陸續有認識的人被診斷出口腔癌，孩子們便希望父母都能戒檳榔，但覺得父親的個性比較是傳統大男人那種，於是決定先從阿玲開始勸導。他們使出各種誘因和重賞，效果都不佳，但孩子們還是不斷鼓勵、一再降低標準，比如阿玲只要願意戒檳三天，就送給她朝思暮想、非常喜歡的玉手鐲，然而，即使祭出重賞，總是功敗垂成，阿玲戒檳就是沒辦法撐過三天。

直到大約十二、三年前，阿玲偶然發現下嘴唇內側有顆疣狀的小小凸起物，阿玲很怕看病，不喜歡上醫院，所以先自行擦藥。但擦了一個多星期，嘴上的小疣沒有好轉的跡象，自己也覺得怪怪的。住在花蓮的三女兒佩佩心裡有不好的預感，覺得這樣不行，硬拉著媽媽就診。

佩佩原想帶媽媽到北部就醫，但考量前往外地諸多不便；在她多方打聽之下，也是醫療人員的大伯向她推薦花蓮慈院的耳鼻喉科主任陳培榕醫師。不過大伯也說，這位醫師病人很多很難掛號，動作要快。

佩佩馬上幫母親掛號。阿玲有白袍恐懼症，一看到醫生就緊張得說不出話。她第一次見到陳培榕，一方面害怕醫生，另一方面擔心自己的身體狀況，她非常緊張，臉更漲紅了起來。「妳這算很早發現，門診手術就可以處理。」陳培榕的語氣平淡但誠懇、和緩卻有條理，他拍拍阿玲的肩膀，一副從容不迫的樣子，讓阿玲頓時鬆一口氣，安心不少。

通常病患來到診間，坐上診療椅之後，陳培榕會請病人張開嘴巴，略為調整一下戴在額頭上的反射鏡或是頭燈，將光線照入病人的口腔。口腔包含了七個部位，包括唇、頰、口腔底、舌、牙齦、硬顎和後臼齒三角區。每個部位他都會看過一遍，如果是手術過的病人，他會先檢查手術的部位，之後將口腔內上下左右三百六十度環繞一圈，一些牙齦後的三角地帶、口咽、下咽和鼻咽及喉等部位他也會特別檢視，有沒有紅、白斑、纖維化、疣狀增生等等，他都「一眼便分曉」。

陳培榕切下阿玲嘴唇內的凸起物，並送細胞化驗後，確定是惡性的癌細胞，所幸因為發現得早，癌症期數大概第一期，所以手術後不需要放療與化療，定期追蹤即可。

以前阿玲總覺得自己不會這麼倒楣，但被診斷出口腔癌後，一夕之間她就把檳榔都戒掉了。她也決定開始好好照顧身體，按照陳培榕的要求回診，從剛開始的每半個月回診一次，到狀況比較穩定，可以每個月或三個月回診一次。

每次阿玲回診，總是緊張得漲紅了臉，直到被陳培榕醫師檢查過一輪後，拍拍她的肩膀，微笑說：「毋代誌！（臺語：沒問題）」，阿玲才敢鬆一口氣。佩佩形容媽媽每次回診完，如果聽到「毋代誌」，幾乎開心得要跳躍著出去。

但癌症並沒有放過阿玲。每隔一、兩年，阿玲就會發現口腔內有新的狀況；幸運的是，阿玲因為定期回診，所以都能即時發現，即時處理。許多紅白斑都是第一期。

可是大約五年前，阿玲又發現右下牙齦怪怪的，回診時陳培榕一看，要阿玲馬上安排住院。

對看過無數患者口腔的陳培榕而言，他雖然不動聲色，但他的眼睛可說是比X光還要管用，只要他掃過一遍，很快就能看出端倪，所以他總是要病人一定要定期回診，讓他看一下不用幾分鐘，就可以不用提心吊膽，換來安心。

這一次阿玲動了一個比較大的手術，因為在她口腔左側發現了第二期頰部及牙齦原發癌症，陳培榕必須把阿玲左唇及頰部切除外，下頷骨還得切下一小塊，再由整形外科從她的左手左前臂橈側取一游離皮瓣重建缺損外觀。過了四年，阿玲在回診時又被陳培榕發現，牙齦前的下巴位置有第三期牙齦癌，這次則必須把右下頷骨部分切除，陳培榕總會盡力找出安全範圍的乾淨切緣，把病患的癌細胞清除乾淨，需要的話也會清除淋巴，以避免癌細胞擴散。癌細胞清除乾淨後，整形外科再從阿玲的右手前臂截一塊皮瓣來補上，盡可能將阿玲的外貌修整至最接近原來的模樣。

自母親就醫以來，阿玲的三女兒佩佩一直陪在她的身邊，她記得這次手術，母親從上午十點半推入手術室，到晚上十點半都還沒出來。這次手術後讓阿玲頗受折騰，住在加護病房裡接受氣切，當阿玲恢復意識之後，她就告訴自己，一定要趕快好起來。

陳培榕告訴她，這次已經盡力將癌細胞清除得很乾淨，但如果再長出來，為了保險起見，就要進行放射治療和化學治療了。

過了四年，二〇二一年九月，阿玲又發現了之前牙齦手術後修補的皮瓣和舌頭之間，又長出了一顆小東西，病理檢查後確認是直徑最大一公分、深度零點一公分的癌細胞。這次也是因為發現得早，利用門診手術就處理乾淨。

十幾年來，阿玲姊接受了大大小小不下十次的手術，女兒佩佩雖然不捨，但在她眼中，卻認定自己的母親是一位非常堅韌的婦女，面對疾病的態度總是「樂觀正面、遇到了就處理」。儘管如此，阿玲也會因為十多年來，不斷地需要面對口腔內可能又會有癌細胞的狀況，甚至碰到生命受到威脅的可能時，而覺得焦慮不安。在門診時，阿玲也向陳培榕抱怨：「為什麼是我，為什麼一直有？」

不多話的陳培榕總是握著她的手、拍拍她的肩膀讓阿玲知道，他不會放棄追蹤病況。陳培榕跟阿玲說：「不要擔心，人只要活著就有希望！」這句話讓阿玲頓時又充滿了信心，提起了勇氣繼續往前走，而且她也相信，陳培榕醫師會一直陪在病人的身旁。

「我下個月會去長濱義診，如果沒有離你家很遠，要不要過來給我看一下？」為了讓病人可以少跑一趟路，陳培榕參加醫院舉辦的「東區慈濟人醫會」義診，一知道下鄉的地點在哪裡，他就會通知住在附近的病人，讓他們順道回診。

每次有長濱鄉的義診，阿玲和女兒就會去看一下陳培榕，也給他檢查追蹤。阿玲總是跟陳培榕說：「那麼瘦！要多吃一點！」也會買飲料、食物去招待醫療團隊。佩佩說，對她們母女來說，陳醫師就像是鄰家大哥哥一樣，讓病人很安心，雖然癌症不時地帶來威脅，但阿玲從未想過要跑來跑去換醫師，因為陳培榕總是真心為她著想，給予最適合的治療方式。阿玲曾跟女兒說：「有實力的人可以『臭屁』，但陳醫師有實力又不臭屁，而且很謙虛，真的是個很有醫德的好醫師。」

第一章 受詛咒的黏膜

我鄭重地保證將奉獻一切為人類服務；我將要憑我的良心和尊嚴從事醫業；病人的健康與福祉將為我的首要顧念；我必嚴守病人所寄託給我的秘密；我必盡力維護醫界名譽及高尚傳統；我以同事為兄弟；我對病人負責，不因任何年齡、殘疾、信念、族群、性別、國籍、政治立場、種族、性傾向、社會地位或而有所差別……生命從受胎時起，即為至高無上的尊嚴；即使面臨威脅，我的醫學知識也不與人道相違。」

——希波克拉底斯誓詞（Hippocratic Oath），俗稱醫師誓詞

「在追蹤口腔癌時會發現一種特殊性，有些患者除了第一原發癌，還會有第二原發癌、第三原發癌等，會在不同時期或相同時期長出來，所以病人的口腔、口咽或下咽

喉食道黏膜、有時甚至是肺部黏膜上都可能長出癌症，在醫學上常被稱為『受詛咒的黏膜（Condemned mucosa）』。」身兼副院長的陳培榕說，「譬如第一次是在左頰，過不久在右邊又跑出來，原來長在舌頭上，不知怎麼又跑到上顎或上牙齦，這種不算癌症轉移，而是原發癌，就算不再嚼食檳榔沒有刺激黏膜，還是可能陸續長出癌細胞，所以一定會要求病人要定期回診追蹤，阿玲的情況就是如此。」

一九九三年，陳培榕在臺大接受住院醫師完訓後，進入花蓮慈濟醫院耳鼻喉科擔任第一年主治醫師。剛開始，他遇到的口腔癌病患很少，當時口腔癌的發生率大約十萬分之五，鼻咽癌則大約十萬分之六到七。但十幾年之後，鼻咽癌的曲線沒有什麼改變，口腔癌的比率卻從十萬分之五開始一路飆升至十萬分之三十。陳培榕回推，在一九八〇年代之後，檳榔變成全臺僅次於稻米的第二經濟作物，全臺灣一度靠檳榔產業維生的人口有兩百多萬，而口腔癌的病患裡，約百分之八十到九十的比例，都有嚼食檳榔的習慣。

世界衛生組織（WHO）已將檳榔列為一級致癌物。除了檳榔子本身就會致癌，其他紅、白灰和荖葉等添加物，經研究也都有致癌成分。長期嚼食對牙齒、口腔主組織及黏膜傷害很大，會造成某些基因突變，癌症就容易產生了。

陳培榕發現花東的口腔癌發生率高於其他縣市，主因是民眾嚼食檳榔以及抽菸、喝酒的比例較高。勞動階級的工作與生活環境常會出現檳榔，他只能苦口婆心勸大家戒檳，多利用篩檢。很多病人都拖到病情嚴重才來就醫，耽誤了黃金治療期，所以只要有嚼食檳榔的經驗，不論是否已戒檳，或戒菸者，非原住民滿三十歲、原住民滿十八歲，就符合免費口腔篩檢的資格。

廣義來說包括口腔、口咽和下咽部位發生的癌症，都可被歸類為口腔癌，目前每年新增超過八千名患者。在民國一百一十年，口腔癌的罹患率已超過肝癌，成為男性所罹患常見癌症中的第三名，僅次於大腸直腸癌及肺癌。

在臺灣東部，從東海岸、花東縱谷到臺東的口腔癌病人，約七成會到花蓮慈濟醫院就診，陳培榕也決定專注於癌症治療的領域上，整科一年大概要治療約兩百位病人（其中約有七成為新發病，三成為復發或第二癌症以上的病人）。他發現，口腔癌是四十五到五十五歲年齡層男性的第一死因，許多患者屬於藍領階級，他們大都是家中的經濟支柱，一旦負責主要家計的人罹患口腔癌，整個家庭往往會面臨艱苦或悲慘的命運。陳培榕認為，只要協助病人克服健康問題，自然而然來自家庭、經濟及社會的壓力或負擔便會減少許多。這是身為醫師的成就感所在。

「我們當醫師的必須平等看待每一個人，這是醫師誓詞中很重要的第一句話。」陳培榕常常回想起多年前某位才二十出頭的病人，他是如此地年輕，自己卻無法治癒他，年輕的生命就這樣消失，真的覺得很遺憾。多年過去，他還是認為，在東部如果能有醫院提供這些病人最好的治療，醫師能平等地照顧每一位患者，讓他們接受治療後可以重回工作崗位，擁有良好的生活品質，這就是他最欣慰的一件事。

無法挽回的悲劇

那是位令他印象深刻的病患。當他走進診間時，陳培榕就已聞到他嘴巴發出的惡臭，年輕人表情木然，他一看年齡，只有二十四歲。

陳培榕要幫他檢查口腔時，卻發現這個年輕人的嘴巴已經完全無法張開，根本不能檢查。由於臉頰的黏膜及肌肉已經纖維化，這位病患沒辦法吃東西，只能靠吸管吸食流質充飢。

其實口腔癌用眼睛檢查與手部觸診是最準確的，但是嘴巴張不開，甚至連切片都很難。沒有辦法切片，陳培榕只能拿出最細最小的切片鉗從牙齒縫隙伸進他嘴巴裡，勉強夾出一小塊切片來化驗，接著幫病人申請核磁共振或電腦斷層的儀器檢查。

年輕人很木然，嘴巴沒辦法動，勉強說自己菸酒和檳榔都吃得太重，一天嚼食的檳榔大概有兩、三百顆之多，幾乎只要清醒就在嚼，睡覺才停下來。直到牙關緊閉，嘴巴張不開就不能吃了。陳培榕看著他年輕的臉龐上幾處皮膚有些凹陷或紅腫，這代表臉頰內部的腫瘤快把這些部位的皮膚吃穿了。

年輕人的媽媽得知後，趕到醫院哭著求陳培榕一定要想辦法救她的兒子。看著這母親哀戚的面容，陳培榕只能對她說：「我會盡力！」

為了這位病人和他哀傷的母親，陳培榕還是設法為他開刀，病人進了手術室，陳培榕將他的下顎切開，勉強能看到舌頭，等到把頰部都翻開來後，才發現整個口腔內的情況遠比電腦斷層掃描影像還要嚴重許多，不只全都纖維化，從頰部、上顎，環繞到對側，幾乎滿滿的都是癌細胞，甚至已經侵犯到下顳窩（IVb 期）1，因為病患嘴巴沒辦法張開，有些部位已經沒有牙齒了，只剩下嘴唇露出一點點乾淨沒被癌細胞侵犯的部位。在開刀之前，無從得知腫瘤已經這麼嚴重，這種情況非常少見，癌症手術必須要有乾淨的切緣才能進行，但是在這位病患身上找不到乾淨的切緣，治療條件就很差了。陳培榕在手術臺上束手無策，只能盡力將能切除的部分處理乾淨。

開完刀後，陳培榕為他安排了放射治療合併化學治療輔助治療。但儘管能做的都做了，這位年輕病患無奈還是藥石罔效。儘管生死有命，陳培榕感受到病患母親的不捨與哀傷，心裡覺得很遺憾也很痛苦，也深刻感受到「神仙難救無命客」的無奈，身為醫師卻沒辦法救助病人，真的非常難過。雖然他也遇過很年輕就罹患癌症的病人，但拖到這麼嚴重才來就診卻是絕無僅有。病人不愛惜自己的身體，因為無法張開口進食也可能營養不良，甚至只靠酒精供應能量；儘管陳培榕想伸手幫忙，但二十幾歲的生命依然就這樣消失殞落。

口腔癌與其他癌症最大的不同，就是大部分的癌症如果病人在五年存活期間內回診檢查都沒有復發，就可以算成功治癒。但口腔癌除了有可能轉移，還容易不斷在不同的部位產生原發癌，常要觀察二十年以上才能確認，這會成為病人的心理負擔。甚至曾有病

1 口腔癌腫瘤分期，若根據原發腫瘤大小、頸部淋巴節轉移狀況及是否為遠端轉移，可分為：0期、I期、II期、III期、IVa 期、IVb 期、IVc 期。

情嚴重的病人，因為不想造成家人負擔、不希望最後無法自主而選擇輕生，這類情況都激勵陳培榕花更多心力在治療這種棘手的癌症上。但他認為，除了手術和術後的照顧、輔助治療，病人抗癌的意志力也很重要，只要願意下決心接受治療，他一定會盡力幫忙，也鼓勵還有希望的病人不要輕言放棄，共同抗癌。

第二章

永遠不要放棄希望

黃金榮是吉安鄉清潔隊的員工，負責管理清潔隊的機具與財產。他原本是新竹人，後來住在花蓮的當兵同梯好友介紹妹妹給他，他為了贏得美人心，一九八七年退伍、一九八九年就來到花蓮。到了一九九四年，他結婚成家，與太太生了兩個小孩，家庭非常幸福美滿。在加入清潔隊之前，黃金榮做過很多工作，早期經營水果批發，必須常常漏夜從屏東的產地運載整批水果到北部販賣，怕開夜車會打瞌睡，他總是會吃檳榔提神，於是就養成了嚼食檳榔的習慣，平均一天大概會吃到三十顆之多。

黃金榮雖然知道嚼食檳榔不好，但「我就是覺得自己不會這麼倒楣。」他記得有一次帶著家人到北部醫院探病，在醫院走廊上，兒子指著其中口腔癌的照片跟他說，「爸爸，你看口腔癌這麼嚴重，趕快戒掉啦！」黃金榮那時悻悻然地對兒子說：「才一萬分之一的機會，不會那麼『衰』啦！」

兩年後，二〇〇七年冬天，他就發現自己右側的舌頭破掉，最初不以為意，覺得嘴破大概都一個星期左右就自己會好，但這次的破皮，已經過了兩個星期都沒好了……雖然不會痛，但感覺就是有一個很深的洞往下鑽一樣，他又去藥房買了廣告做很大的中藥粉自己噴在傷口處，但還是沒有起色。

黃金榮心裡隱隱覺得不妙，「我就鴕鳥心態，但其實心裡很害怕！」他沒有去耳鼻喉科檢查，而是到牙科掛號，心想可能是牙齒磨到舌頭，導致舌頭破皮。牙醫師一看，委婉地對他說，「你這傷口看起來應該要去大醫院檢查，如果真的檢查沒有問題，我再幫你把牙齒磨平。」

黃金榮一聽更加害怕，找了鄉公所的同事求助，同事的先生也曾罹患口腔癌，同事一看他的狀況，馬上幫他掛慈濟醫院的門診，黃金榮清楚記得，當時是上午十一點的門診，是李家鳳醫師幫他看診，李家鳳醫師檢查完，立刻幫他安排下午四點切片檢查，並告訴他一個星期後再回醫院看檢查結果。

結果才第三天，李家鳳醫師就打電話給他，要他先回醫院看檢查報告，讓黃金榮內心更是忐忑不安。他與太太趕去醫院後，確定切片結果是惡性腫瘤。李醫師要他趕快接受治療，要幫他安排檢查。黃金榮只感到腦袋一片空白。他跟李醫師說，快要過年了，他等過完年再做檢查。他與太太走到醫院大門時，兩人再也忍不住，就在醫院大門口抱頭痛哭。

「我想到兩個小孩還那麼小……我就要死了……」黃金榮說，原本護理師安排他隔兩天後住院檢查，但他一想到自己「反正會死」，就拒絕了護理師，然後把自己鎖在房間裡不見任何人。「我那時候每天面對死亡的恐懼，想到自己死了之後老婆小孩怎麼辦，每天吃不下又睡不著，原本八十幾公斤的體重，瘦到剩五十幾公斤。」黃金榮躲在房間裡偷偷哭泣，不敢讓家人知道，但擔心他的太太，也從原本豐腴的體型，瘦到體重剩四十公斤。

後來是清潔隊的同事跟他說，自己的孩子之前鼻竇炎很嚴重，在慈濟醫院給耳鼻喉科主任陳培榕醫師治好了，同事要他一定要接受治療，黃金榮還是一口回絕。同事跟他說，「這怎麼行，你還那麼年輕、孩子還那麼小，你好歹要拼一下，好就好，萬一不好就算了。」

同事主動幫黃金榮掛號預約了過完年後醫院第一天看診的時間，清潔隊隊長也叫他一定要去治療，看診當天，太太陪著他一起進了陳培榕的診間。陳培榕看了看資料，沒有對黃金榮曉以大義，只對他說：「要看你自己的意願，但我還是希望，你能讓我們幫你治療，不要放棄！現在醫學進步，癌症不一定就是不治之症，只要越早治療、機會就越大！每天我看了很多病情比你還嚴重的人，他們都勇敢地接受治療，放手一搏，你不要把自己推向絕望。」

聽了陳培榕一番話，黃金榮安心很多，覺得好像有機會活下去。想想自己才四十歲，孩子還很小，為了家人，真的不該再逃避，應該放手一搏。

於是黃金榮接受了陳培榕的安排，一個星期後就住進病房接受檢查，並接受手術。黃金榮的舌頭有一半以上被切除，另外脖子有三顆淋巴有感染的疑慮，為了安全起見也一併清理，接著整形外科的王健興醫師取下他大腿的皮瓣來修補舌頭。開刀完後，黃金榮又接受了三十五次的放射治療療程，還有兩次的化學治療。

「陳培榕主任每天都來跟我講話，有時候到了晚上十點多，他看完夜診還來問我治療得怎麼樣，有沒有哪裡不舒服，他會跟我說：『你就安心，注意營養和睡眠，有什麼困難的地方，有需要協助的地方，我們也都有社工。』這都讓我很感動。」

一般癌症的分期總共四期，一、二期是早期，三、四期就算晚期或末期。黃金榮也因為自己生病，感受到陳培榕真的是心思很細膩的醫師，不只重視手術本身，也關心病人的感受。他剛完成手術送進加護病房時，陳培榕在探視他之後會告訴他的太太，黃金榮的開刀順利，看來他的癌症來到了第三期。黃金榮的太太一聽，拜託陳培榕一定要救先生，陳培榕馬上跟她說，「不要擔心，醫療團隊一定會盡全力。」但陳培榕跟黃太太商量後，也知道黃金榮曾有拒絕接受治療的經驗，決定不讓他知道自己的期數及病理危險因子，黃金榮的太太說：「這是為了避免我先生情緒又受到影響而放棄治療。」

黃金榮回想起這一段，真的很感謝陳培榕醫師，「陳醫師治療病人時，真的非常用心與細心，也很了解病人的個性，會鼓勵病人，盡力讓病人都能得到最好的治療和效果。」

開完刀後，黃金榮舌頭麻木發腫，沒有什麼感覺，原本只能用寫的溝通。當他舌頭逐漸消腫後，加上反覆練習，舌頭就越來越靈活，發音也越來越好，以前他只能吃流質食物，後來吃白飯也沒有問題了。

雖然當時黃金榮癌症期數已經是晚期，但經過陳培榕治療後，至今已經十幾年，他都維持得很健康，不但沒有復發，也沒有再發現其他部位的原發癌。他每個月回診，十四年來從不間斷，他也很樂意跟其他病友分享自己的親身經歷，為相同狀況的病友打氣。陳培榕封他為「模範病人、標準病人」。黃金榮說：「有的病人治療之後，仍會忍不住再繼續吃檳榔，但經歷過一次，讓老婆、小孩那麼難過後，我不想再重蹈覆轍了！」現在孩子都已經長大，也都有了工作，非常孝順。黃金榮也回到工作崗位，繼續服務社會。

「要謝謝慈濟的大團隊，要謝謝上人，上人創立這間醫院，對東部的重症病患真的是一大福音。如果沒有這家醫院，我還要跑到北部，生活作息和家庭一定整個大亂，因為有這家醫院，讓東部的民眾可以獲得很好的照顧。」黃金榮回想抗癌一路走來的歷程說，「我很感謝陳副救了我一命，還有慈濟醫院的醫療團隊，包括社工、志工，在我住院時都來陪我講話、幫我加油打氣。師兄師姊都跟我說，把身體交給醫生，把心交給菩薩，意志要堅強，不要胡思亂想。我這條命要感謝陳副院長和團隊，他們真的讓我從絕望中給我活下去的希望，今天我才能活得那麼健康，還可以看著孩子長大。」

第三章

治療的藝術

世界上沒有兩片一樣的雪花，每一片都獨特漂亮。

——德國哲學家萊布尼茨

勞動階級特別容易因嚼食檳榔而罹患口腔癌，平均發生年齡低，也是四十至五十五歲壯年男性最主要的死因；源頭主要是他們在職場上容易接觸菸酒，而且工頭有時會帶頭請吃檳榔，以提升士氣、增加幹勁，且在團體中難以拒絕，又或者長時間工作需要檳榔提神。除了阿玲和黃金榮，陳培榕有很多需要照顧十年、甚至二十年的長期病人，他陪伴他們度過中壯年直到老年。東部大約有近七、八成的口腔癌患者要到慈濟醫院接受治療，平均每年，陳培榕要動一百次以上頭頸腫瘤相關之手術，平均一個月要看近七百人次的門診病人，近三十年來已經篩檢過上萬個口腔黏膜，也診治超過三千位以上的頭頸癌病人。

廣義的口腔癌，就是口腔、口咽、下咽食道所發生的癌症病變。口腔從最外面開始包括了唇、頰、舌、口腔底、牙齦、硬顎、後臼齒三角區共七個部位。口咽也分為好幾個部位，包括軟顎、舌根、扁桃腺都算口咽，另外還有咽喉側面、咽後壁等等。

至於黏膜下纖維化，紅、白斑這些都稱為癌前病變。至於為何要進行口腔篩檢，就是因為口腔癌的潛伏期可能達五年以上，不論有沒有戒除檳榔，只要有嚼食檳榔史的民眾就可以進行篩檢，滿三十歲以上每兩年可以篩檢一次。另外，有持續抽煙習慣者，也可以做口腔癌篩檢。

陳培榕篩檢時會很仔細，標準的流程是先請病人將嘴巴張開，如果嘴巴已經張不開了，不能看得很清楚，就使用內視鏡作為輔助。

病人張開嘴巴後，他會使用反射鏡和頭燈照亮，首先檢查是否有腫瘤或病變，再看其他部位。「我們這一科有一個特色，一看便知。」陳培榕說，耳鼻喉科只要用視診跟觸診就能看出大概，視診看有沒有紅、白斑，有沒有疣狀增生。觸診則從口腔及口咽外去摸脖子，察覺是否有硬塊的地方，鼻咽有時候可用內視鏡看比較仔細，一併做紀錄。「就是要練到眼睛一打開，要比X光更銳利，一看就知道是什麼病變，這就是百鍊成金的臨床功力。」

依照高雄醫學院公衛專家葛應欽教授一九九五年的研究，嚼檳榔罹患口腔癌的機率是一般人的二十八倍、抽菸是十八倍，飲酒是十倍，三者都有就高達一百二十三倍。雖然數據很驚人，但對於上癮者而言，一般還是無感。但是一旦發現罹患癌症，很多病患都會急著找到最快速的療法。

陳培榕曾遇過一位農友因為長期嚼食檳榔罹患口腔癌，右側的臉頰外側有一大塊腫瘤。一般化學治療是以靜脈注射，而這位病患卻跑到南部的醫院接受較非正規的「動脈內化療」，直接將化療藥物打到頸動脈；這種療法通常可以讓藥物更直接接觸到腫瘤，讓腫瘤快速壞死消除。病人往往之所以會選擇這種療法，一則覺得不需要手術，可以保留器官；二則看到腫瘤很快縮小因此而消除憂慮、紓解心中壓力。陳培榕說：「但那常常是假象，背後可能會隱藏危機，會造成後來長出來的腫瘤更厲害或轉移。」

後來這位農友的腫瘤果然沒有消除，他輾轉找到陳培榕求助，陳培榕為他切片後，證實為鱗狀細胞癌。經由X光檢查，發現他下頷骨已有輕微腐蝕的現象。陳培榕評估後，認為仍有手術治療痊癒的機會。於是陳培榕為他開刀，幾乎切除了他一半的鼻子和嘴巴，並由整形外科為他重建兩片嘴唇，術後這位尹先生恢復得很好。陳培榕的學生問他：「老師，為何不告訴病患，之前的醫師所採用的是未經實際驗證的有效療法，而這種療法通常不太有效呢？」陳培榕說：「我們是根據癌症治療臨床指引來進行。儘管之前病患採用了較不同的另類醫療方式，頗令人遺憾，但病人最後也已經因為我們的手術獲救，結果圓滿就好。」

陳培榕說，正統的頭頸癌治療方法有三種，第一是手術、第二是化學治療、第三種就是放射治療，再加上這三種交互使用的綜合療法。由於醫療不斷進步，目前也有比較新的免疫療法、標靶療法，但這些都是對比較嚴重的狀況或遠端轉移的病人來使用。口腔癌是一種複雜的癌症，其中標靶或免疫治療的藥物並非沒有大的副作用，但晚末期患者若無法手術，或許可以嘗試採用這兩種療法，或甚至再加上化療。

對於不同病患，在治療上也都需要特別斟酌。「用藥是一門藝術，癌症在每個人身上產生的反應都不一樣。甚至一樣的年紀、性別、癌症期數，我們也都一樣地盡心盡力，有時採用一樣的方式治療，但在每個人身上的效果可能都不同。」

也因此，陳培榕雖然個性內向，但他溫和實在又細膩的個性，深受病人信賴。有許多原本到北部治療的患者，後來都回到花蓮找陳培榕。有一位臺東的果農劉先生，因為女兒是護理師，因此十幾年前到女兒服務的北部醫院開刀，術後他請陳培榕幫他追蹤。劉老先生對陳培榕說，自己在北部開刀時，住院住了快一年，讓陳培榕相當吃驚，追蹤的過程中，陳培榕發現老先生之前開刀的狀況不是很理想，但他故意不特別提起，避免增加劉先生心理負擔，只是盡心盡力地幫他仔細檢查。追蹤四、五年後，陳培榕發現劉先生的口腔癌有復發的現象，劉先生決定不要再捨近求遠，直接拜託陳培榕為他開刀。

「醫師幫我發現到癌細胞，他人很好，我就請他幫我開刀！」

陳培榕在手術前都會先幫病人做心理建設，讓他們知道，為了救命，動完手術剛開始外型都會比較不好看，可能吃東西也比較不方便、口水會流出來，之後整形外科會幫忙慢慢修整、為病患補肉補皮，也會恢復得越來越好。

現在陳培榕的門診病人，大約有快二分之一是外縣市慕名而來的病人。看診時總有病人帶些自己種的農產品表示感激，火龍果、釋迦、芒果……等等，盛情難卻的陳培榕也常將水果跟門診護理師和同仁們分享。

這位臺南長大、臺北學醫，後來落腳東部的醫師，說著一口流利的臺語，筆下卻充滿文青氣息。雖然內向、話不多；又即使再麻煩的事他也輕輕帶過，再厲害的治療也不會掛在嘴上，但他有自己的理念，譬如在閱讀上，他享受的是小說字面之外的詩境；而對於醫療，他也抱持類似的美學，總是用不疾不徐的態度和無比的耐心，用跑馬拉松的精神來陪伴病人治療這種難纏的癌症。他說，大家常認為醫師要術德兼備、仁心仁術；他認為「仁」這個字，就是由兩個人所組成，而在醫療過程中，這兩個人指的就是醫師和病人。醫師能為病人著想、病人也信任並配合醫師，才能實踐仁心仁術，這也是陳培榕一直以來的中心思想。他喜歡宗教昇華的情懷、渴望正義公理，也謹記施行醫療服務要平等對待每一個人，而從他成長的歷程裡緩緩地爬梳，也可以慢慢看見一位仁醫的養成過程。

第2部

仁醫養成記

第一章

童年往事

還記得，玩彈珠，蹲在廟門邊；
還記得，騎新車，經過同學面前。
還記得，打瞌睡，罰站了半天；
彈指間，都變成，遙遠的從前。

——〈童年往事〉，詞：陳墨荷、曲：吳楚楚

如果時間可以拉成長長的一條線，靜靜地如電影畫面的長鏡頭般，讓所有人事物在眼前連續不斷、如常生動地展現，那麼一九六〇年代的臺南市水仙宮一帶，就會呈現出一片熱鬧且生氣勃勃、充滿庶民風情的場景。

水仙宮位在臺南市的中西區，據傳為清朝康熙年代所建的七寺八廟之一，香火旺盛。水仙宮鄰近臺南運河，運河上舟楫來去，附近更是熱鬧的市場，布莊與知名小吃林立，非常熱鬧。

一九六一年三月八日這天，當地的大家庭陳家媳婦，在臺南天主教崇愛醫院生下一名男嬰，因為這天剛好是婦女節，所以她清楚記得，生產的所有費用，在折扣後只要十塊錢。

陳家是當地的大家族，清朝時期，家中祖先曾經當過進士。這個家族在臺灣已經定居相當久的時間，其中一系住在水仙宮後一棟三進[1]的長屋裡，屋寬大約四、五公尺，屋長達四十幾公尺。這棟很有臺式風味的房子，是在日治時期建造，第一進出租給商家做生意，第一進之後會有一個天井隔開，進入第二進，接著再一個天井，便進入第三進。陳家人就在第二進和第三進之間生活。大家長陳本榮是受日本教育長大的臺灣人，

[1]「進」為舊式房院層次的單位之一，一戶房子中有幾座院子即稱為幾「進」。

性格拘謹內斂，日治時期在政府裡擔任小職員，一直用自己並不豐厚的薪水養活一整個家族二十餘人。

陳家的長孫誕生後，為這個大家族增添了許多的活力和喜氣。在族譜中，這一輩排在「培」字輩。陳氏家族的族譜相當有學問，陳本榮的父親是「清」字輩，屬水，水生木，所以陳本榮是「本」，本屬木，木生火，因此下一代即是屬火的「榮」字輩。他的次子名叫陳榮濱，榮有火，火再生土，所以到了孫子這一代就是屬土的「培」字輩，再算算這個長孫八字缺木，老人家希望這個孩子長得好，一生平安，將他培育成一棵枝葉茂密的大樹，所以取名為「培榕」。

陳培榕的祖父母生了八個孩子，外祖父母也生了八個孩子，他的父親排行第二、母親也排行老二，這位兩家的長孫在備受期待中出生，集家族寵愛於一身。襁褓時期的陳培榕不會哭鬧，夜裡睡覺時間長，母親認為他很好養；唯一一次有驚無險的意外，大概是在他八、九個月大時，母親抱著他搭興南客運回佳里途中（當時他父親在北門中學教書），突然發現他臉色發紫，呼吸很喘，此時母親驟然發覺，自己衣服上有顆鈕扣不見了。

他母親心想，鈕扣應是被孩子吞進去。說時遲那時快，她本能反射地直接用手指伸到孩子口裡去挖，千鈞一髮之際把鈕扣掏出，才把這個孩子的小命給保住。

從小就很安靜的陳培榕，常常坐在水仙宮後面的這間長屋裡，抬頭看著上面的天井灑下陽光。每天一大早，他就看著祖母和母親出門買菜、忙進忙出的身影，準備著一大家人的早餐。由於家族人數太多，用餐要分批，常常當每個人都吃過之後，祖母和母親就得再開始準備下一餐。

在陳培榕未滿五歲時（一九六五年），母親會把他送去讀協進幼稚園，而且早讀了兩個月（那時讀協進幼稚園需要先經過考試，他竟考過了），老師覺得這孩子有點膽小，不太適應跟比他大的孩子相處，常常自己很安靜地坐著不講話，別人講話，他也不會搭話，好像活在自己世界裡一樣。因為陳培榕不能適應學習與團體生活，於是母親又將他接回家裡，隔年再就讀幼稚園，直到他足齡的一九六七年，才進入臺南的協進國小就讀一年級。

陳培榕回憶兒時種種，就像侯孝賢導演的電影《童年往事》一樣，學校建築上的屋瓦破舊，下雨時教室內常會滴水。平常他跟弟弟還有鄰居玩伴們打彈珠、玩「尪仔標」、射橡皮筋、鬥蟋蟀及玩手足球。那時家中沒裝電話也還沒買電視，學校則正在推動「說國語運動」，要是在校說出母語便會觸犯校規被罰。每次被老師發現或有抓耙仔舉報，就會被罰五角，當時的五角幣值很高，會讓孩子相當心痛。當年正逢臺灣流行「客廳即工廠」的時代，陳家人也做起「家庭代工」，有時會做些小燈飾，陳培榕偶爾也會幫忙。

時間之流在島國南部的熾熱陽光下、在西羅殿廟前的廣場吆喝、大樹下的童玩與家家戶戶廚房的鑊氣中前行著。一九七一年，陳家買進了第一臺電視機，那是臺使用真空映像管的三洋彩色電視機。

第二章

永遠的第一名

木訥寡言的陳培榕，自一九六七年進入協進國小就讀後，成績就名列前茅。當年國小學生人數有七千多人，為當時僅次於臺北老松國小的全臺第二大校，一個年級有二十個班。學生人數太多，教室太少，因此一到四年級上課是兩班制，有時是上午班，有時是下午班。

進入國小之後，開啟了他「永遠的第一名」時代。月考學科考六科，他經常考滿六百分。因為成績很好，假若偶爾「失常」沒有滿分，老師還會生氣地拿藤條抽打處罰他。陳培榕覺得讀書考試得心應手，讓他產生一種成就感。他平常會專心聽課，但沒有特別用功，童年時的各種遊戲，如打彈珠、玩橡皮筋、玩「尪仔標」，鬥蟋蟀、打手足球，他都算是拿手，但不沉迷。至於學業方面，他則未逢敵手，順利以全班第一名之姿，在畢業時領了市長獎。

讀小學時，陳培榕還有一項樂趣，就是利用中午時間，和同學一起擠在學校合作社看電視上熱播的布袋戲「雲州大儒俠——史艷文」；除了喜歡看電視或廟會的布袋戲，他也對棒球產生濃厚的興趣。陳培榕從小學一年級就開始打棒球，雖然體格和體力不算出色，但自認球技尚可，無論投球或打擊都能勝任，甚至一度有過念頭，想把打棒球做為未來志向。第一代臺南市巨人少棒隊的魔鬼教練方俊靈那時就在協進國小任教，陳培榕也曾報名參加甄選。

後來陳培榕真的嘗試了當棒球隊的練習生，但才過一個禮拜他就說拜拜了，因為訓練過程實在太操，讓他無法適應。「那時候就是比賽一定要拿冠軍，所以採『軍事操練』，但國外的棒球小選手只把打棒球當成『迌迌（玩耍）』，所以每次巨人隊出國比賽，國外的小孩總被打得暈頭轉向。」陳培榕回憶在他小時候，深夜裡常在舅舅家看少棒賽轉播，當時他很崇拜幾位會打棒球的學長，一位叫「菜投」、一位叫「肉投」，還有一位是「魚投」。當時只要是爸爸在市場裡賣什麼，孩子綽號就叫什麼。這三投也就是當年很出名的陳銘晃（他是二刀流 2 選手）、周德昌及葉福榮這三位選手。

知道兒子想打球，陳培榕的父母都不贊成，對他說：「不可以，打球未來沒有希望，你也不是這種料。」小學老師吳淑珠語重心長的跟陳培榕說：「你還是適合讀書。」其實陳培榕也有自知之明。

陳培榕的父親是中學老師，當時深受臺南一中校長李昇的器重，還曾請他到家裡當他兒子李安的家教，陳培榕從小就跟父親去過位於學校旁邊的校長宿舍，他還記得李安這位當時念臺南一中的大哥哥很靦腆，李校長對他期望很高。這位李安也就是後來執導《臥虎藏龍》、《斷背山》、《少年 Pi 的奇幻漂流》等，史上首位曾於奧斯卡獎、英國電影學院獎以及金球獎三大世界性電影頒獎典禮上都獲得最佳導演獎項的知名臺灣導演。

陳培榕的父親陳榮濱是臺灣大學法律系畢業的高材生，後來因無法考上司法官轉任教

2 「二刀流」語源出於日語。二刀流選手，英文對應的名詞為 two-way player，意指作為投球與打擊都能兼任的選手。

職，成為「三民主義」科的名師，曾出版過多本參考書，之前也曾在佳里北門中學任教，作育英才無數。他發現陳培榕對讀書很有天分，因此對自己的兒子也有很高的期許。國中入學之後，陳培榕不再打球，開始全心讀書、準備考試，課餘幾乎沒有娛樂活動。當時補習非常風行，白天上課，晚上還去補習班上課，陳培榕是一個很守本分的孩子，也真的一直心無旁騖地努力用功。

到了國中二年級時，陳培榕拿著書讀著讀著，就突然覺得自己應該培養一點其他的興趣。早熟又喜歡唱歌的他，晚上讀書讀累了，就打開收音機聽音樂放鬆一下，跟著流洩而出的臺語歌曲哼唱。他從小家境不是太好，沒有機會學樂器，自己跑去書局買簡譜小歌本回家練唱，先自學看簡譜，之後學會打拍子，只要是聽過的歌曲，他就自己學唱。他大都聽臺語老歌，當時最喜歡的曲子是〈港都夜雨〉，這也是第一首自己練起來的歌曲；還有充滿日本演歌風情的〈博多夜船〉，配合收音機旋律練唱，也讓他覺得是一種享受。雖然年少，對於這些老歌背後那深沉且百轉千迴的情感還不是很了解，但那深夜中緩緩流洩的旋律，總為他千篇一律埋首苦讀的日子，帶來一些快樂與滿足。

國二原本想要參加校內的合唱團，結果因為他正值變聲期，加上樂理基礎不佳，在合唱團考試時就被淘汰了。音樂老師說他五音不全，他才因此知道自己努力不足，各種音準拍子根本沒辦法抓得很好。但他也不以為意，他明白自己也只是半路出家，不但沒有用心學習體會，也少了好的指導老師給他啟發。

雖然喜歡唱歌，不過陳培榕也告訴自己，這只是一種興趣或娛樂，趁著讀書讀累或洗澡的時候哼一哼就好，他也認為大概只有念書比較有未來。

陳培榕數理強，社會科史地記憶科別也很不錯，他覺得自己是屬於左腦發達的人，擅長邏輯和推理，音樂和作文也偏向左腦所掌管的範疇，所以他對文字的使用也頗擅長，曾獲得全校作文比賽第二名。那一次的作文比賽題目是「我對十大建設的認識」，他的理性條列論述，與採感性抒發的第一名有著不同風格，最後以些微差距落居第二。

陳培榕覺得自己寫不出華麗花俏的文字，他擅長的是「主詞加動詞加受詞」的平鋪直敘、簡潔扼要的詞句；他認為只要言之有物，言簡意賅，不需要太多華麗詞藻或典故。

國中時陳培榕成績還是很好，但從那時開始有了強勁的競爭者，所以沒有辦法再維持第一名的寶座，大多屈居班上老二。同班同學余忠仁常常贏他。余忠仁出自醫師世家，從小就立志要當醫師，陳培榕則是覺得自己數理成績不錯，想讀理工。

後來，陳培榕和余忠仁都高分考進臺南第一高級中學（簡稱臺南一中），也一起考上臺大醫科（余是當年聯考丙組 3 狀元）。陳培榕高二進入合唱班，要加入合唱班，不只是聲音要合格，成績也必須達到標準；合唱班最大的福利，就是可以藉練唱的名義，不用升旗參加朝會，利用早修和晚修時練唱。高中時可以唱歌又能兼顧學業，讓陳培榕覺得非常高興，那時候比較困難的，就是合唱團必須看正式的樂譜，他因為沒有學過音樂，只會看簡譜，因此要重新去認識五線譜上的「豆芽」。他覺得唱歌和課業一樣，只要感受到回饋，就會更加努力進步。歌唱技巧或方法若越學越深入，就越能掌握其精髓；就像他數理拿手，獲得不錯的成績之後，就會有更進一步的動機去加強學習。

陳培榕回憶說：「當時的合唱班同學在臺南市比賽獲得第二名，臺南二中太強了，他們在王子妙老師的帶領之下，甚至拿過幾屆全國冠軍，我們各方面都自嘆弗如，但大家都盡力了。」陳培榕記得當時令他相當尊敬的優秀合唱團指導老師李欣蓮還說過，大家都唱出最佳水準了，不過對手更厲害。陳培榕高三時，合唱班同學們大多專心準備大學聯考，大概有三分之二留在原班級選擇念丙組。陳培榕個性很平穩平淡，本身並沒有特別排斥念醫，當時如果成績好的確實也一窩蜂讀醫，於是他也準備考醫學院。其實他的父親陳榮濱曾教出很多醫生：包括臺灣著名的血液疾病專家兼著名作家陳耀昌教授，和衛生福利部疾病管制署預防接種諮詢小組召集人及臺大醫師李秉穎教授，之前都是陳榮濱的學生。父親也看出兒子的能耐，所以當他高中要選組時，父親早跟他說：「你想想看，你成績不錯，考量你的前途，應該去念丙組。」陳培榕的舅舅也是醫師，舅舅也告訴他，當醫師生活很穩定，至少不愁吃穿，陳培榕思考之後，覺得如果能讀醫學系，可濟世救人，又可衣食無虞，於是就決定選讀丙組了。

其實，陳培榕的父親會期待兒子能當醫師，除了認為將來生活穩定且有保障之外，還有一個主要原因，是基於多年前自己的未竟之願，其中隱含了一段令人悲傷的記憶。

3 在民國四十三至七十二年間，當時大專與大學聯合招生考試（俗稱聯考）分為甲、乙、丙、丁四組，大略上甲組為理工科系，乙組為文學外語科系、丙組為醫學相關科系、丁組為法商科系，考試科目會依照組別不同而略有差異。

第三章

陳家的故事

今夜又是風雨微微，異鄉的都市；
路燈青青、照著水滴，引阮心悲意；
青春男兒不知自己，要行叨位去？
啊～漂流萬里，港都夜雨寂寞暝～

——〈港都夜雨〉，詞：呂傳梓、曲：楊三郎

陳培榕的祖父母生了八個孩子，他的父親陳榮濱一九三一年出生，排行第二，初中畢業後本可直升保送臺南一中，卻因為家境關係放棄學業，先工作了兩年以照顧家庭生

計。當時臺灣剛光復不久，水仙宮附近的民權路有很多布莊，他找了一家布莊當學徒，每天負責扛布。陳榮濱在學成績本來就很好，打工兩年期間，鄰居和親戚朋友看到陳榮濱瘦小的身材扛著布，心裡不捨，常常去勸陳本榮不要浪費人才。「這麼會讀書的囡仔，怎麼讓他去扛布？」親戚說服了陳榮濱的父親後，讓他如願進臺南一中就讀。陳榮濱本想讀醫，但父親說沒錢栽培他，讀理組班的他只好去報考聯考文組，結果順利於一九五二年考上臺大法律系，四年後的一九五六年，他以優異成績從臺大法律系畢業，卻未能考取司法官或律師高考。之後的陳榮濱對於兒子陳培榕沒有表示太多要求，但心裡卻又對他有著深深期許，好像想要彌補自己心裡的缺憾。這背後的原因隱藏著陳氏家族的一段傷心故事、那是陳培榕的祖父母不願再提的一段過往。

其實，陳榮濱之上還有一個長三歲的哥哥陳榮添，是陳家的長子。陳榮添非常聰明，臺南高校畢業考上國立師範大學史地系就北上就讀，畢業後即可為人師表。一九四九年，《臺灣省戒嚴令》頒布，一九五〇年臺灣進入白色恐怖年代，社會上政治氣氛緊張、全民草木皆兵。當時陳榮添的高中同學石玉峰就讀臺灣大學工學院，因為參加校內被認為是「臺共」的地下組織而被通緝，逃到高雄、躲藏在高中同學吳東烈家中，靠吳東烈掩護而藏匿一段時間。為了讓石玉峰順利逃亡，吳東烈想到向另一個高中同學、當時就讀臺灣師範大學史地系四年級的陳榮添借身份證，貼上石玉峰的照片方便他出逃，陳榮添再以遺失身份證的理由申請補發。

但沒想到特務機關早已佈線多時，陳榮添和石玉峰、吳東烈紛紛被捕。在戒嚴時期軍法審判下，石玉峰和吳東烈因「參加叛亂組織且著手實行」被叛處死刑；借身分證給他們的陳榮添，其實並沒有參加組織，但因「知情不報」、「偽造文書」等原因被求處五年三個月徒刑，但上呈至總統時，被批下「同處死刑」的指示。因此，陳榮添在一九五三年三月三日，被送至馬場町槍決。

陳榮添的父親陳本榮和太太接獲消息，如晴天霹靂，前去臺北馬場町認屍時，因為屍體均被泡在福馬林池裡，全身浮腫，他們遲遲無法認出哪個才是自己的孩子。這個事件讓這對父母好一陣子傷心欲絕，整個家族籠罩在愁雲慘霧之中，加上自此之後，他們一家被「點油作記號」，管區警察開始每個月都到家中查戶口二到三次，更讓他們噤若寒蟬、不願再提起這段往事，深怕一不小心又為家族帶來厄運。

白色恐怖時代的高考非常困難，錄取率極低，不但律師、司法官很多是由軍職轉任，並且還有「各省」分配名額，臺灣籍的名額只佔其中一小部份。當時一些成績比陳榮濱差的同學都考上了高考，但陳榮濱考了幾年就是考不上，後來才知道高考錄取名單決定前會先進行「身家調查」，以他的背景是絕對不可能被錄取的，他最後只好放棄考試，先後任職臺南郵局、北門高中、金城中學及臺南一中當公務員或教員，直到一九九四年提前兩年退休。

「也因為伯父的關係，家中所有長輩都告誡我父母一定要叫我學醫。」陳培榕認為，父親因為很多原因，迂迴了很多個彎有幸繼續升學，卻又因經濟及政治等因素而不得志，好不容易有了穩定的工作，才有辦法栽培他。父親之所以希望他能學醫，原因就來自這一段曲折，他希望這個長子不須像自己一樣有所顧慮或限制，能夠盡情發揮自己的能力，並或多或少完成他未竟之願。

第四章

窄門裡的新世界

陳培榕大學聯考的第一年，作文題目是「憂勞適足以興國，逸豫適足以亡身」，原本他對自己的作文能力頗有自信，且他的理性思維也擅長寫論說文，但這次考試可能寫得太八股，除了國文作文（總分三十分中只得十二分）及三民主義不好（只考六十三分）外，再加上原本拿手的數學（不到四十分）失常而鎩羽而歸。放榜時，他考上的是臺北醫學院牙醫系。

其實自從陳培榕在高三決定就讀丙組後，他就開始衝刺，每天唸書。他當時設定目標為「考上醫學院就好」。儘管陳培榕真的考上牙醫系了，而且分數也可上中醫系，但那時身邊的同學都對自己要求很高，甚至還有同學「非臺大不讀」。陳培榕雖然沒有執著要讀臺大醫學系，但也覺得「自己不應該考這麼爛」，所以心裡「有點不爽」，決定重考。但以防萬一，他先去成功嶺受訓，結訓後還是先到北醫註冊保留學籍。

去臺北醫學院註冊，是陳培榕「第二次」上臺北的經驗，他的生活圈一直在臺南，高二前活動範圍從來沒有超過臺中以北。在他國中以前，家裡因為常有管區警察關注，他發現家人要出國也必須先「報備」。陳培榕第一次到臺北，是高二升高三的那一年，因為他的大姑丈成為臺北市教育局長，姑姑便舉家搬遷到臺北；他從小跟姑姑及表姊弟妹們親近，加上他兩歲前都住在位於佳里的姑姑家中，而且又跟表弟同年。陳培榕第一次去臺北，覺得臺北好擁擠。那一次姑丈帶他去圓山動物園及兒童樂園遊玩，不過從小到大很好養、沒生過大病的他，去臺北兩天後就生了一場病，得了非常嚴重的流行感冒，虛弱到無法動彈，以至於他對臺北印象不是太好。

從成功嶺結訓後，陳培榕從臺北車站坐車到臺北醫學院註冊，經過仁愛路到吳興街，猶記那時仁愛路底就是聯勤兵工廠，即是現在臺北市政府。在那還沒有信義計劃區的時代，附近仍是門禁森嚴，完全沒有高樓大廈，這讓他印象非常深刻。在辦理保留學籍後，他就完全沒有懸念地直接回臺南的補習班報到，準備重考。

陳培榕是個性平穩的人，加上沒有什麼欲望，高四時他做的事情只有看書而已，但讀書學習對他來說，其實是一件不太痛苦的事。每天早上，他起床自習後就去補習班，下課再回家讀書及睡覺，一年來就這麼過了。他不看電視也沒有打電動玩具。儘管如此，考前有一段時間，他還是因為壓力而感到緊張，有時會想著如果沒考好，甚至考得更差該怎麼辦。為了紓壓，他記得考前自己一個人跑去臺南的南台戲院，看了一部很奇怪的電影《現代啟示錄》。

後來理智告訴陳培榕，應該想辦法化解焦慮，也要靠意志集中精神，最後幾個月他會每天打坐冥想半小時，也想說平常心視之，反正再壞也有牙醫可念，沒想到這些方法讓他第二次考試時較不那麼緊張，而且不會患得患失，反而更能有所發揮。

心態調整之後，陳培榕終於考上臺大醫學院。

課業繁重的大學生活

大學一年級和二年級的時候，醫學院學生讀的是共同科目。除了教科書，陳培榕利用時間看很多「閒書」，幾乎有空就蹲在書店裡。當時他所研習的學科包括了有機化學、分析化學、微積分學與物理學。儘管他的微積分課湊巧遇到號稱「朱楊變色」及「統一場論先驅」的名師朱建正教授與張國龍[4]教授所指導，考試較難、分數也給得較硬，但他也從來都沒有不及格過。那時候的他體會到「強中更有強中手」，小學保持第一是沒問題的，國、高中之後偶而可排在前面，但大學裡臥虎藏龍，再也不可能名列前茅了。他也認為，儘管成績好壞和之後的成就沒有什麼關係，但是也不能太差太混。

大學三、四年級時，課業開始加重，煎熬也隨之而來，主要的難題在於基礎醫學課，課中所用材料及內容真的是讓他與好些同學叫苦連天，需要背誦的東西真如汗牛充棟，陳培榕也在此時感受到學醫的辛苦。解剖學、神經解剖學、組織學還有胚胎學等需要博聞強記的科目，對他來說最為困難；另外還有生化學、微生物學、寄生蟲學、免疫學，以及生理、藥理及病理的修習，一不小心成績太差就會面臨「二一」退學的命運，如果不及格就得利用暑假暑修，而諸如解剖學或病理學科因為學分太重，只要沒有考過，就得留級重修一年。

4 朱建正教授為臺灣知名的數學教育家，曾任臺大數學系教授。張國龍為耶魯大學物理博士，長年投身反核工作，曾任臺大物理系教授、考選部政務次長與環保署署長。

基礎醫學有很多知識，沒辦法經過推理，必須要靠「死記活背」硬裝到腦袋裡。但因為內容太多太雜，怎麼背也背不完，讓醫學生們十分困擾，而且硬背硬記過不久也就忘掉，讓陳培榕那時常常覺得，「記憶力怎麼這麼差！自己怎麼這麼笨！」不過還好某些科目，比如神經解剖學在努力硬背之下，他還可低空飛過。

無論再辛苦，這確實是學習歷程中一個重要階段，這些知識的用處會在未來臨床醫學的學習中顯現。「進到臨床之後，我就覺得豁然開朗，發現以前學的那些東西是很重要的基礎知識。以前只能硬背死背，沒辦法想到這麼多，但是進入臨床後，這些知識就會需要自動串連起來。」陳培榕說。

一九八三年，臺大的新男二舍剛蓋好，一九八五年冬天，陳培榕和他的室友們住進四〇一室，他的室友是同學陳健弘、張永青和謝奇璋。謝奇璋除了和陳培榕是大學同學，也是他的高中同學，張永青很會拍照，常常叫他們當模特兒給他練習攝影，陳培榕有一張坐在書桌前的照片，就是這樣拍下來的。

陳培榕所住的臺大學生宿舍，位在在林森南路和徐州路交叉口，旁邊有一排違章建築，都是賣小吃的攤子。有一家賣水餃的攤子叫做「龍門」，他與室友們都很喜歡，常常讀書讀累了，宵夜時光都在那裡度過。

在三、四年級沉重的課業壓力下，醫學生幾乎人人都要挑燈夜戰，甚至要讀到半夜一、兩點。住在宿舍裡有一個好處，就是大家能互相勉勵，彼此影響、也有互相督促的力量，讀書風氣更好。因為群體效應，學生們不敢「太混」，讀起書來也比較不孤單。

陳培榕記得當時課業份量最重的解剖學及神經解剖實驗課，助教是正在念研究所的曾國藩會說，只要有什麼問題都可以請教他，他同時負責監考，是非常嚴格的助教。只是陳培榕沒想到，之後會與這位助教在慈濟相遇。曾國藩是慈濟大學的前任副校長，現任解剖學科及模擬手術中心的主任，他嚴格的個性從以前到現在都沒有改變。陳培榕一直很尊敬這位老師。

醫學院課程中，讓陳培榕記憶最為深刻的，就是某些特殊的考試形式，包括解剖、病理、神經解剖、寄生蟲、組織學等。在筆試之外還要「跑檯」——一邊在實驗桌之間移動、一邊觀察桌上的樣本來答題，總共要連闖十幾關，每一關僅有大概四十秒的時間作答，十分刺激。有些同學只要一眼就能認出樣本中所呈現的是哪個構造或是什麼疾病，讓陳培榕佩服不已。

陳培榕記得病理跑檯考試有這麼一站，實驗桌上放著顯微鏡及樣本玻片，學生要在觀察後寫出命題的答案。比如題目會問：「以下構造是什麼疾病的病理表現？」學生們就必須趕緊寫下：「pulmonary TB!（肺結核）」。

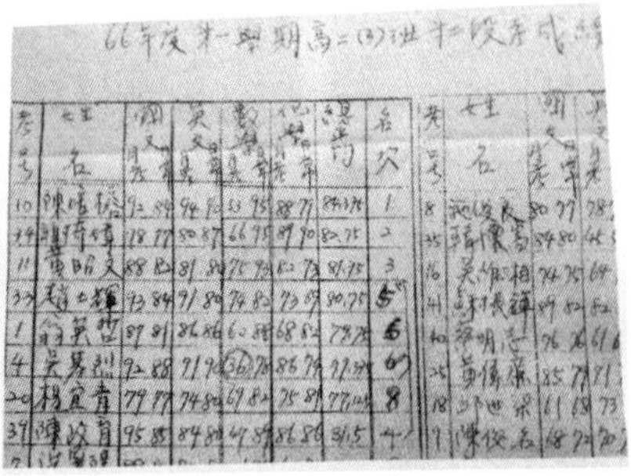

圖為陳培榕就讀臺南一中高二時的段考成績，數學不及格竟得第一名，「很對不起當年的導師許宗男（他教數學，考的是三角函數及其應用），那次是我畢生歷經無數重要學校考試唯一一次不及格。雖然考題很難，但也是自己沒有在考前深刻學習與理解三角函數、習題也沒完成所致。」

陳培榕（最後排右三）就讀臺南一中二年三班（合唱班）大合照。
圖/陳培榕提供

第五章

開拓視野，思想啟蒙

相對於醫學系龐大艱澀的課程，參加課外服務活動，成為陳培榕放鬆和探索世界的途徑。

大二時，陳培榕在同學邀請下參加了澎湖醫療服務隊；服務隊由公衛系的黃貽翰帶領，醫學院的陳耀昌教授擔任指導老師，在募了許多牙刷牙膏後，一起跨海到澎湖的西嶼服務；第二次出隊，他則是與教寄生蟲學的呂森吉教授一起，為澎湖當地的孩子進行衛生教育，晚上就睡在學校教室，澎湖美麗的夕陽和海灣、離島的地方民情和自然風光，逐漸讓他的視野變得遼闊，世界觀也隨之拓展開來。

一九八五年，陳培榕從醫學院五年級升上六年級的暑假，他跟著慈幼山服社坐著莒光號列車到臺東，那是陳培榕第一次到臺灣東部，經過花東縱谷時，他看到完全不同的自然景觀，這讓在西部成長的他相當震撼。進入南橫公路裡的部落後，他被分到臺東海端鄉的加拿國小進行衛生教育，再經歷了新武、下馬、霧鹿後，最遠還來到了利稻部落。部落服務的最後一天，服務隊在利稻和原住民舉辦了聯合運動會，一起參加了賽跑和兩人三腳趣味競賽，陳培榕也第一次感受到在這個他首度造訪、讓他震撼不已的自然荒野裡，有一群陌生但充滿活力的人們，過著跟他不太一樣的生活，有著不同而獨特的文化。陳培榕的眼界就這麼一路逐漸拓展、好奇心熊熊冒出，讓他產生了跟過去不太一樣的觀點，開始懂得理解與尊重多元文化。

成長求學過程算是相當平順的陳培榕，回想起他國高中時期接受的教育，包括他當時也很會寫的作文，盡是些反共愛國的八股文和教條。當時的他，因為喜歡閱讀，常常會去書店看書。陳培榕家中也有訂報紙，他讀報後心中總是抱著些疑問，譬如「人為什麼會變成這樣的狀況？臺灣的社會又為什麼是這樣？」

陳培榕的祖父常常懷念日治時期，常說日本時代很好，不貪污不腐化、政治清明、政府做事也很有效率等等，但因為他從小常常看見有警察來查戶口，而且家人連長途旅行都要跟管區警察通報，心裡總覺得很奇怪，但每次他開口問，長輩和祖父祖母總是表現得很謹慎。
陳培榕小時候最喜歡看「轟動武林，驚動萬教」的電視布袋戲史艷文，後來也消失了，據說也是因為該劇的語言觸犯某些政治上的禁忌而被禁播。
於是陳培榕開始學習自己尋找資料，想多多擷取各種知識和資訊。大學可說是他思想啟蒙的開始，大一、大二的共同課程較為輕鬆，讓他比較有時間閱讀課外讀物，因此他讀了許多歷史書，加上各種活動拓展了他的視野，讓他對以前既定的認知有些鬆動，開始更廣泛地探索。他加入了臺大醫學院隸屬於醫代會的「醫訊社」。入社後，經同學王作良介紹，認識了楊碧川 5 老師；楊老師是一九七〇年代的政治犯，在戒嚴時代因言論而以叛亂罪入獄，所以總戲稱自己是「綠島大學」畢業。楊碧川是臺灣史及日文的專家，醫訊社邀請楊老師為他們開課，他總免費熱情地為這些醫學生講課，自此陳培榕聽了很多跟課本不一樣的臺灣史，還有所謂「左派」的理論學說。

5 楊碧川是臺灣知名作家與社會主義研究家，他在一九七〇年被以「蓄意顛覆政府」為由遭到逮捕至綠島監獄服刑，直到一九七七年才出獄。

臺大自由的風氣，讓陳培榕浸淫其中，除了像楊碧川這樣的歷史和政治學家，醫訊社也邀請過寫出《家變》的知名小說家王文興[6]演講，還有當時「棄醫從樂」的知名音樂人羅大佑來分享，可惜當天羅大佑可能是忘了，經紀人又聯絡不上，讓演講開了天窗，學生們便無緣聽到這場分享。

陳培榕大四時接任了醫訊社社長，也因此開始他「社長兼撞鐘」的任務。《臺大醫訊》的發行量不到一千份，但是是完全由學生自行寫作、編輯、發行的刊物。陳培榕也因此有機會採訪了當時臺大醫院院長楊思標[7]，以及副院長杜詩綿[8]教授，得以親炙老師的涵養和風采，並且對當時臺灣大學的政策有了更多的認識。

社長也肩負招收社員的任務，但醫訊社的社員必須要是醫學院的學生才能參加，他系則可以作為社友。由於醫學生數量少，陳培榕就以和其他社團「串連」的方式，來增加醫訊社的資源和影響力。

當時臺灣大學有幾個有名的活躍社團，除了有簡稱「大新」的「大學新聞研究社」和簡稱「大論」的「大學論壇社」，再加上「大陸問題研究社」等，都是當時所謂的「黨外學生大本營」。學醫的陳培榕之所以結交了許多法律系和政治系的朋友，就是因為社團的關係相濡以沫。除了醫訊社幾位成員如：林正焜、郭保麟、李宜瑞、王增齊、林恆立、謝奇璋、王作良、劉絮愷、白裕彬、簡國龍及林郁容等醫師外，這些同盟社團的成員們，包括江蓋世 9 、李文忠 10 、劉一德 11 、陳鴻榮 12 、吳叡人 13 、康文炳 14 、周威佑 15 等等，後來有的擔任公職、有的成為社會觀察學者或評論者。他們以前在校園中，都是與陳培榕一樣有理想性、對社會關懷的年輕人，彼此熱情交流，這也成為讓他打開視野的一扇窗。

6 王文興為臺灣知名小說家，曾於臺大外文系與中文系任教。

7 楊思標（1920-2021）為臺灣胸腔科權威，曾任臺大醫院院長、慈濟科技大學（昔為慈濟護專）創校校長，為臺灣結核病的預防、診治與研究，貢獻良多。

8 杜詩綿（1920-1989）為臺灣鼻咽癌治療權威，曾任臺大醫院副院長、花蓮慈濟醫院創院院長。

9 江蓋世為臺灣政治人物，畢業於臺大政治系，長期投身社會運動，曾以民主進步黨籍當選台北市議員。

10 李文忠為臺灣政治人物，就讀臺大期間即投身學運，曾任立法委員，目前擔任退輔會政務副主委。

11 劉一德為臺灣政治人物，畢業於臺大政治系，曾任國大代表，現任臺灣團結聯盟黨主席。

12 陳鴻榮，就讀臺大期間曾任大陸問題研究社社長、投身學運，曾任職總統府參議。

13 吳叡人為臺灣政治學者，畢業於臺大政治系，現任中研院臺灣研究所副研究員。

14 康文炳為臺灣資深出版工作者、作家，畢業於臺大政治系。

15 周威佑為臺灣政治人物，畢業於臺大法律系，現任臺北市議員。

在臺大三十重聚活動中，陳培榕（後排右七）與醫學系同學一起慶祝畢業三十週年，合影留念。**圖/陳培榕提供**

第六章

外島生死錄

乘著想像穿越生死幽明，他的靈魂勇敢地走進陰魂盤據的領域，賈伯瑞彷佛看見一具年輕的形體，站在雨中的樹下，妻子的初戀自少女時代刻劃在她心中的凄楚、遺憾與感動，他感同身受。窗外大雪又開始下，賈伯瑞想著，該是他啓程西行的時候了。帶著睡意，他仿佛聽見雪花落在大地，悄然落下，落在所有的生者與死者身上。

——詹姆斯．喬伊斯《都柏林人．死者》16

16 《都柏林人》（*Dubliners*）是愛爾蘭作家喬伊斯所著的短篇小說集，出版於一九一四年，共收錄了十五篇短篇小說，書中描述了當時愛爾蘭人的各種生活樣貌。

陳培榕站在陸軍八五四醫院 17 入口眺望。在斜坡及路邊，有幾株相思樹及木麻黃，再過去就是東海中的莒光水道。馬祖的冬天非常寒冷，強烈的北風刮進皮膚，寒意滲入骨頭，甚至連下霜和冰雹，他都曾經歷過，有時要用懷爐才能取暖。在這樣的氣候中，陳培榕想起他很喜歡的喬伊斯的著作《死者》。在那聖誕夜雪花落下的夜晚，活著的死人比死去的活人更加卑微，有的人雖然活著，靈魂卻有如已經死去；有的已經死去的人，卻仍然活在很多人的心裡。

在醫學院的第七年，當實習醫學生期間，陳培榕去考了預官，那時候考試對他來說無往不利，畢業後不但順利通過醫師國考，也通過公職醫師高考。當時的公職醫師高考除了專業科目之外，還要考三民主義、憲法、國文以及公文書寫等項目，陳培榕也把憲法融會貫通，所以他有兩張醫師證書，銓敘時職等也較高。

畢業後，陳培榕在陸軍衛勤學校受訓十二週後，授階少尉，結訓時進行服兵役的單位抽籤，他抽到了所謂的「金馬獎」——陸軍馬防部，前往馬祖南竿島的陸軍八五四醫院服務。

一九八七年十月，陳培榕抵達馬祖。他的業務很單純，因為醫官不用站衛兵，也不用查哨，除了要值急診班以外，醫官的作息很正常。所以在馬祖當兵時，也是陳培榕閱讀量最大的時期，閱讀長篇及短篇小說成為他在外島主要的精神食糧。

為了訓練自己的英文能力，他有時會讀原文小說，以前曾經讀過的翻譯本，也再讀一次英文版，包括了喬伊斯的《都柏林人》原文版及珍．奧斯汀的英漢對照版等等，至於俄國作家托爾斯泰與杜斯妥也夫斯基的長篇小說等，他則是讀志文出版社的中文譯本。當他值急診班時，如果小島上沒有緊急的病人，在沒有電話、也沒有電腦和手機的漫漫長夜中，他就心無旁騖地沉浸在小說的世界裡。

當時馬祖居民約四、五千人。陸軍八五四醫院是地區醫院，除了這家醫院之外，就只有一家連江省衛生院。擔任醫官的陳培榕除了照顧軍中弟兄的身體外，還得關心島上居民的健康，他負責的任務除了門診、急診、住院與值班，還有南竿島的巡迴醫療。軍隊是一個小型社會，軍醫幾乎負責醫療相關業務。當時的「八三一」是合法的「軍中特約茶室」，巡迴醫療的時候，醫官有時也被要求要檢查士兵的下體看有無性病；對於

17 陸軍八五四醫院當時為馬祖唯一醫院，也收治一般民眾住院，歷經時代變遷、國軍精實專案後已裁撤多年，現為醫務所。

女性侍應生，則是使用婦科器材「鴨嘴」張開進行抹片採檢，當起兼職的婦產科醫師。身為醫官，陳培榕偶爾也會有些小特權，比如當全臺灣村里長的外島參觀團或勞軍隊來到馬祖時，醫官就會隨隊，跟著放風休息或觀賞勞軍表演，也有機會親睹來自臺灣本島的演藝人員風采。

除此之外，由於陳培榕曾在醫學院修過精神科，也曾實習過很久一段時間，因此還兼任軍隊裡的心理輔導官。當時有些家長認為，要是孩子精神有問題，只要去當兵就會好了，其實在軍隊中某些人反而適應不良，變成不定時炸彈。譬如說，他就曾看過罹患思覺失調症、憂鬱症和躁鬱症等各種精神病症的軍人，都需要後送[18]臺灣接受治療。

陳培榕曾輔導過一位罹患憂鬱症的同袍，他建議輔導長將他後送臺灣治療，但輔導長認為自己應該可以將他成功輔導好，但過沒多久，這位同袍就在站衛兵時舉槍自裁；還有一位士兵也可能是因為憂鬱症，將自己捲進大卡車輪下而喪生。而軍隊中集中式管理，就算只是一點衝突或摩擦，也可能演變成大衝突，甚至變成暴行犯上。陳培榕也曾遇過士官長槍擊排長，造成人員傷亡的事件。

那是某一天，陳培榕接獲通知，位於海邊的蛙人連發生了「暴行犯上」情事，士官長及排長因口角衝突，造成士官長槍擊排長，排長送來時已經沒有呼吸心跳，陳培榕剛好值班，先替他急救插管並進行心肺復甦術，然而仍回天乏術。

外島醫官除了醫治病患外，偶而也要做驗屍工作。陳培榕印象較深刻的，是驗過一位舉六五步槍對頭部自裁的士兵，現場顱骨碎裂、腦漿四溢，著實令人膽顫心驚。從沒法醫經驗的他，忽然間必須充當驗屍官，他把大學時修過的「法醫學概論」從腦中調出，謹照上課老師所講的驗屍步驟與各項要點：確認身份、死因、寫死亡證明。當法醫對他而言，算是個十分特殊的經驗。

在外島的交通不便，載運人員用的AP運輸艦每個月只有三班來回，而且會因為風浪或天氣而停開。另外陳培榕在幹訓班受訓時，還搭過一種二次大戰留下來的平底登陸艇，感覺就像個盒子在海中漂浮，被官兵戲稱為「棺材板」或「開口笑」，乘坐起來非常不舒服。另外，還有一種陽字號艦艇[19]，只在遇到緊急狀況下後送使用。若不被認定為緊急狀況的病人，也只能等待一個月三班的運輸艦。上陽字號艦艇後行駛六、七個

[18] 「後送」是軍隊用語，意思是從戰地前線往後方撤送人員和物資。

[19] 陽字號是臺灣海軍驅逐艦的級別通稱，來自於每艘戰艦的名稱中都會有一個「陽」字。

小時，即送到基隆就醫，而運輸艦則須十幾個小時才能抵達。

有一次士兵進行工事任務時，被先前所埋地雷炸傷。當他被送到八五四醫院時，陳培榕一看，他的膀胱已經被炸破，尿液流出。劉思源總醫官為他進行緊急處理，將尿液引流出來，避免漏到骨盆腔造成感染，同時申請緊急搭乘岳陽艦後送到基隆海軍醫院緊急修補。但馬祖沒有可供陽字號停泊的碼頭，岳陽艦停泊在外海。身為緊急後送醫官，陳培榕必須先帶著病人搭上接駁小船到外海，將病人抬上了軍艦後，以當時最快六個小時的航程到基隆，將傷兵送到基隆海軍醫院，任務才算完成，這是一次極特殊的後送經驗。

至於回程，當時他們只能搭乘運輸艦，運輸艦一個月只有三班，所以如果距離下一次船班還有一些天數，醫官就能賺到一小段假期。一般在外島當兵，近兩年大概可放兩航次假，但軍醫的假多配合後送病人，會有較多放假的機會。陳培榕總會利用難得的假期，回家看看家人。

陳培榕的外島服役生活，除了兩個月在幹訓班的拔階受訓外——這讓他有機會認識三十七期不同學門的其他預官，直到現在大家仍保持聯絡、也常有聚會——他便在這偶爾忙碌、偶爾接下緊急任務以及平靜無波時醉心閱讀的日子中過去。就在服役過了一年半時，有天陳培榕正在值急診班。那天早上還算平靜，沒什麼病人。值班時，陳培榕固定會帶兩本書，一本是醫學書，一本是人文書。那天他除了帶著楊怡和教授編著的《耳鼻喉科之臨床手冊》外，還帶著俄國作家杜斯妥也夫斯基所寫的長篇小說《卡拉馬助夫兄弟們》，這書情節緊湊、時而充滿細膩的心理描寫、時而傳達著深奧的宗教哲學，無一不引人入勝。

在五官科治療室中，擺放著一把舊的耳鼻喉科治療椅跟治療檯、一台裂隙燈、一支耳鏡、一支眼底鏡，還有一本檢查色盲的簿子——特別是駕駛兵訓練及體檢時要用到；這些東西雖然不是很新，但都因為需要裝檢[20]而被擦得光亮。當日碧海藍天、波光粼粼，陳培榕正處於自己當兵這麼久，已經好久沒能好好欣賞周遭明媚風光，而破百倒數計時的退伍日即將到來，急診電話響起，護理士向他回報：「醫官，馬港地區有一位民眾口鼻突然大量出血，將於十五分鐘送到醫院；病人是五十歲鼻咽癌患者，男性，體重六十公斤，血壓是一一〇／七十六，血型為A型。」

[20] 「裝檢」為軍隊用語，即裝備檢查的簡略說法。

陳培榕驚覺大事不妙。他曾碰過有鼻血或吐血的病人，卻從未遇過因為癌症大量口鼻都出血的病人，他趕緊把心電圖（EKG）、氧氣及插管等急救設備再檢查一番，又趁病人未到達之前，將楊教授所寫的《耳鼻喉科之臨床手冊》拿出來翻一翻。驚見在第二百七十二頁赫然寫著「鼻咽癌的死因：一、無法控制之原發疾病，二、出血，三、惡病質，四、遠隔轉移」。再稍微想一想在醫學院六年級時，杜詩綿院長所講授的鼻咽癌那堂課，病患會大量出血，無非是腫瘤或骨壞死造成，他思考著如果在進行急救時，只要有機會維持病患呼吸道暢通，並設法止血及輸血，防止重度休克，應該有機會用直昇機後送回臺灣。

熟悉的救護車聲從遠處傳來，病人坐在車上被抬下來時意識尚清楚，但他的鼻腔已經被救護人員塞了兩塊紗布，一旁的塑膠袋裡裝滿他吐出的紅色鮮血。他用虛弱地而不太清楚的臺灣國語說：「半個小時前到現在已流了兩個塑膠袋的血。」陳培榕量一量，心想兩袋血應該有六、七百西西，而此時病人口腔仍不時有鮮血及血塊吐出。

病人太太隨後趕到，經詢問陳培榕發現病人的嘴巴只能張開約一公分，聽力也不是很好。原來五年前，病人曾在臺大醫院接受放射治療，現在每半年回診一次。由於治療會造成很多後遺症，多是不可逆的傷害。病人在接受放射治療後嘴巴張不開，僅能吃軟質及流質食物，最近吃東西更容易被嗆到，吞嚥不太順暢。陳培榕摸摸病人的脖子，僵硬如木板，有些地方則有一片片紅色類似血管的斑點，是放射治療所造成的皮膚微血管擴張。

看著病人口鼻流血、張口困難，根本無法替他插管以維持呼吸道順暢，也不知道該怎麼替他止血，如果血再繼續流下去，病人會不會休克？他只能叫病人捏住鼻子，同時替他打點滴輸液、輸血。

陳培榕急忙又跑去翻閱楊怡和教授所著書中的「後鼻部出血處理原則」，就是先塞住後鼻孔及鼻咽部，再做前鼻孔填塞。但他卻不知怎麼使用書中所寫的 Foley 導尿管塞住後鼻孔，也不太知道如何塞滿前鼻孔，這些緊急止血法都是接受耳鼻喉科住院醫師訓練後才會學到，但是當時陳培榕仍不會操作。病人到急診後十五分鐘時，仍有收縮壓九十、舒張壓六十的血壓，他祈禱著直昇機趕快過來，只要能熬過那一個小時就好了。說時遲那時快，病人口中突然吐出大量鮮血，接著臉色發黑，呼吸困難，陳培榕驚覺應該是血塊跑到呼吸道裡塞住了。霎時間，他想起前一陣子曾在書中讀到緊急環甲軟骨切開術。在完全沒有人在旁指導，也完全沒有練習過的狀況下，陳培榕根本就僵在那裡，眼睜睜看著病人呼吸愈來愈困難，臉色也愈來愈黑。他趕快請護理士拿手術刀過來，接著拿刀切開皮膚及環甲軟骨膜，再將一支氣管內管插入氣管，總共花了十幾分鐘，再從管子抽看看有沒有血塊。雖然到頭來流出了一些血塊，但一切都已太遲，病人已經沒了呼吸、喪失意識，他開始對病患進行心肺復甦術（CPR），並電擊了數次，但是病人的心跳血壓都沒有回來，直升機降落前病人已經回天乏術。

看到病人竟在自己面前被血塊活活噎死，滿身的無奈感朝他襲來。他想起自己在馬祖一年多期間，遇過檢傷分類一級的病人，其中有不少心臟病、中風或嚴重外傷的、自殺的患者，經過他緊急處理後，有些人幸運獲救，但也有些人不幸往生。他甚至也曾充當法醫，驗過幾具令人不敢直視的殘破屍身。然而，他從來沒有料想到，一位本來意識清楚進入醫院的病人，半個小時後竟在自己面前，活生生地因血塊阻塞窒息死亡。

陳培榕對自己失望、質疑、自責，甚至夜不成眠。退伍後，他從不想對任何人透露這段經歷；對於一位菜鳥醫生而言，這案例的確是相當重大的打擊，因為他未能做到妙手回春。

第七章

機智耳鼻喉科生活

陳培榕從馬祖退伍之後，回到臺大醫院，開啟了他的耳鼻喉科（ENT）住院醫師生活。

之所以選擇耳鼻喉科，陳培榕認為耳鼻喉科最特別的地方，就是診治快和準的特性，不會拖泥帶水，而且常常是檢查與治療相結合。另一方面，耳鼻喉科最困難的地方，則是比任何其他科更難熟練的理學檢查[21]。

21 理學檢查的英文為physical examination，意指身體檢查。理學檢查其實並非正確譯稱，但因為長年以來被廣泛誤用，已成為醫界的習慣用語之一。

耳鼻喉科醫師有五寶：反射鏡、鼻鏡、鼻咽鏡、喉鏡和耳鏡。耳鼻喉科的理學檢查，可說是所有科別中最困難的。一般所謂的理學檢查，指的就是身體檢查，內外科醫師會根據自己的科別，用視診、聽診、叩診、觸診等等來檢查病人的身體狀況。而耳鼻喉科的方式則不同，耳鼻喉科所涵蓋的器官，包括耳朵、鼻子和口腔，很多都是空腔器官（Hollow organ），還包括鼻咽、口咽、下咽甚至是食道。耳鼻喉科住院醫師必須練就的功夫就是理學檢查，只要反射鏡加上一個小圓鏡，就可以看到咽喉還有鼻咽，這是耳鼻喉科醫師才有的特殊能力。反射鏡和小圓鏡是他們的祕密武器，再加上夾耳垢及看耳膜，無一不需不斷練習，才足以熟能生巧。

反射鏡是設計來讓醫師戴在頭上，並利用一些器械將光線聚焦，才能觀察到病人的相關構造及病變所在。如何善用反射鏡仍是耳鼻喉科最基礎的入門技巧，醫學生或耳鼻喉科新手常因為不善於使用反射鏡、看不到空腔內部而覺得挫折。陳培榕認為只要勤加練習，便可「熟能生巧」，配合不同大小的小圓鏡做輔助，例如○號小圓鏡用來看鼻咽，四號或五號看喉嚨，如此一來，頭頸部小宇宙內的口腔、鼻腔、咽部和喉部都可以觀察得一清二楚。

不過陳培榕也說，儘管反射鏡很好用，但缺點就是一部分的光會照到醫師的眼睛，反射鏡中間有一個洞，每當反射光線時，就會產生一個入射角和一個反射角；當引進光線的時候，常會同時照射到在反射鏡下方的醫師左眼，所以耳鼻喉科醫師的左眼容易受到傷害。為此，目前大多改用頭燈替代反射鏡；但萬變不離其宗，對耳鼻喉科醫師而言，練好對光技巧及器械操作還是必備的基礎技能。

陳培榕回想從醫學系五到七年級開始到醫院實習時的訓練，就是把各種知識和基本技巧應用到臨床診治病人身上。剛到醫院實習時，陳培榕覺得最糗的，是自己有時會一問三不知或技術不純熟。有些老師很犀利且要求嚴格，尤其在加護病房。譬如EKG（心電圖）的Lead（導線）裝設的位置必須非常精準，六個導程都要擺得很正確，陳培榕記得當時的導線不是現在那種可以直接貼在皮膚上的貼片，而是用鐵殼接著電線；鐵殼必須加上膠狀物貼在皮膚上，要貼得精準需要勤加練習。他很感謝老師的教導，很多臨床的東西的確馬虎不得。

抽血也是實習醫師的主要工作之一，這也是從實習階段就開始進行訓練。陳培榕早在醫四的時候，就先利用暑假在臺南家鄉的外科診所「打工」。說是打工，其實是去見習醫師如何開刀，同時也跟著檢驗師及護理師學抽血和打針。他記得當時臺大醫院的護理師不需要抽血，醫學院七年級的陳培榕在臺大醫院當實習醫師時，每天早上一開始 run（巡）病房，就是一個接一個地為病患打針、接著為他們抽血或打靜脈留置針。當時這群剛到醫院的實習醫學生心裡都知道，「六、七月的住院病人比較容易成為被練習的對象，因為六月開始做 Intern（實習醫學生），是最『新鮮』的時候。所以那個時候，我們都先去檢驗科練習抽血，我其實四年級就先練過，所以一開始功夫就不錯了。」

擔任住院醫師之後，耳鼻喉科要開始練的幾樣救命武功，就會變成重要的隨身法寶。這些功夫包括了「氣管插管」、「環甲軟骨切開術」、「Foley 止血法」和極其重要且基本的「氣管切開術」。

病房或急診的困難氣管插管（Endotracheal Intubation）現在多由麻醉醫師負責，但過去臺大醫院在舊院區時，麻醉醫師是不太走出開刀房的。因為插管位置與耳鼻喉科負責的解剖位置相關，所以變成耳鼻喉科醫師必須支援，也是住院醫師必練與必備的技能。實習醫學生會到各科輪流學習，輪到麻醉科的實習課程時，就是他們第一次接觸插管的機會，醫學生在手術室裡，由麻醉醫師監督與引導練習插管。

然而，在手術室裡和現場急救是有一些不同的。在手術室裡，病人已經經過麻醉引導，所以醫師可以有條不紊地進行操作。但在進行急救時，可能會發生很多意外狀況。

醫學生接受過耳鼻喉科的訓練後，對上呼吸道結構較為理解與熟悉。陳培榕記得在第一年住院醫師訓練時期，就常遇到別科住院病人需要緊急插管時，來找耳鼻喉科的協助。現在多數醫院 CPR 時則多由急救小組擔綱。

陳培榕記得當年插管時，必須用肉眼找出「谿壑」（vallecula），也就是會厭軟骨前的皺摺，然後把會厭軟骨挑起，看到聲帶或會厭皺摺後，再將氣管內管送入喉部。陳培榕會覺得對困難患者做這些事很有成就感。

陳培榕認為臨床基本技術在住院醫師時期一定要練好，譬如要熟練到看到會厭杓狀軟骨皺襞，縱使沒辦法看到聲帶，也可以插管。他認為，「唸書唸了半天，跟實做還是有些不同。要不斷地練習與體會。要 well-prepared（做好準備），事前做好功課。」到後來，醫療分工越來越細，插管任務都呼叫麻醉醫師來做，加上醫學越來越進步，現在大都使用鎮靜插管，病人比較舒服，加以影像系統輔助，醫師可以看得非常清楚。但即使如此，在千鈞一髮之際，如果沒有這些輔助工具，醫師還是得設法完成搶救病人生命的任務，可見基本功的重要性。

「上呼吸道緊急救護就是耳鼻喉科醫師的專長。」陳培榕這樣說。的確沒錯，耳鼻喉科掌管耳朵、鼻子、口腔、咽喉等上呼吸消化道，是呼吸時氣體進出的主要通路。其中「緊急環甲軟骨切開術」和「緊急氣切」，也是耳鼻喉科醫師急救時必備的武功。

環甲軟骨切開術

當口腔或喉嚨等上呼吸道阻塞時，情況很緊急時可考慮使用環甲切開術。口腔下方順著喉結下來的凹陷處，就是環甲軟骨膜，這個地方是呼吸道最容易進入之處，只要順利切開環甲膜，就能從這裡把喉嚨開一個小洞，插入氧氣管路，這是在搶救呼吸時很好的急救方法。

陳培榕第一次實施環甲軟骨切開術，是在他當住院醫師支援花蓮時。當時他碰到一位口腔癌出血病人已經很喘、呼吸困難，收治到病房時已不能呼吸。他第一次為這位病人做環甲軟骨切開時，確實感到有些壓力。儘管事態緊急，但陳培榕還是依照腦中所有的程序一步一步操作，確定好位置，將甲狀及環狀軟骨之間的環甲軟骨膜切開，在聲門下做一個孔並由此緊急輸入氧氣，讓病人可以呼吸。

完成緊急環甲膜切開術之後，通常要在四十八小時內改成氣切[22]，否則喉嚨會受到影響。陳培榕體認到，臨場反應大多來自本能，但必須有知識累積的基礎作為支撐。任何事都有第一次，因此事前必須要有足夠的練習，才能成功。在他讀書的年代可沒有大體模擬手術能做練習，只能把握觀察師長操作的機會，努力記下手術步驟，之後再馬上去看書複習。遇到沒有人幫忙的突發狀況，才有能力趕快去接手。

陳培榕想起自己在馬祖遇到的那位由於鼻咽癌導致大出血的病人，那是他第一次沒有經驗的孤軍奮戰，當年也找不到有經驗的人能幫忙，只好硬著頭皮去做，雖然最後成功了，但事實上當時該執行的並非環甲軟骨切開術，而是止血，因為通常遇到頭頸部癌症引起的大出血，維持呼吸固然重要，但止血、防止出血才是根本之道。如果能將鼻咽部出血止住，哪怕只能止血三、四個小時，只要趕快後送到臺灣，病人還是有希望存活。可是當年的他還只是一位菜鳥醫師，不是不想做，而是不會做。

22 「氣切」是「氣管切開術」的簡稱，指的是在頸部氣管處切開一個小洞，以插入氣切管並接上呼吸器幫助病人呼吸。

Foley 止血

陳培榕所說的止血，就是耳鼻喉科常用的「Foley 止血」，全稱叫做「Foley 管氣囊或水囊後鼻及鼻咽部壓迫止血」，是住院醫師常執行的技能之一，也是對鼻咽或後鼻部癌出血嚴重病人有效的止血急救措施。

所謂的「Foley」，其實就是「導尿管」，打水後常被耳鼻喉科醫師用來做為加壓止血之用。當病人在鼻咽或後鼻部出血，常需進行所謂的「拉 Foley」，也就是將管子導入口咽內倒抽，打成水球，對鼻咽及後鼻孔施加壓力，以防止流血很好的方式，將鼻咽部出血的地方壓住。如果是四肢有傷口，壓迫止血較容易，但在鼻咽腔附近就困難多了。

陳培榕回顧，在偏遠地區行醫最令人不捨的，就是很多急重症都比較難處理得宜。「如果能夠好好做緊急處置的話，病人預後就好多了。」即使到現在，偏遠地區的醫療狀況還是有所不足，在地醫師大多可以處理慢性病或急性身體不適，但是如果遇到緊急狀況，譬如大出血或休克的病人，緊急醫療建置就相當重要了。臺灣目前做得愈來愈好，但可以更好。

現在的交通工具、緊急救援設備與醫療技術都已有所改善。陳培榕三十多年前在外島服役時沒有直昇機救急，急重症病患只能靠軍艦後送。直到他退伍前的三、四個月左右，才終於有直昇機可以做緊急後送的任務。

氣管切開術

耳鼻喉住院醫師訓練必練的重要功夫，就是「氣管切開術」，簡稱「氣切」。

氣切有時要在短時間完成。從第一層皮膚、皮下組織、頸部筋膜的淺層、頸部筋膜深層、肌肉層，再剝開甲狀腺，抵達氣管前膜層後，再切開後才是氣管。此時醫師把氣切套管置入後，並確定在氣管內才能固定管子。

陳培榕第一次做氣切，是在第一年住院醫師的時候。他認為病人上氣道嚴重阻塞又無法插管的緊急情況下最難進行氣切，他也碰過其他一些特殊的例子。例如病人無法平躺著，醫師就要想辦法讓病患半躺著或甚至坐著，許多種不同的情況都可能會造成「困難氣切」，醫師必須想辦法克服種種阻礙，才能成功救助病患。

在花蓮慈濟醫院支援時，陳培榕也曾遇過好幾位因罹患咽口腔或喉癌，需要執行緊急氣切的病人，而且通常是在急診收治時發生。那時他發現，似乎花蓮的頭頸癌病人發現時，病況往往已經進行至較晚期，而當時尚未實施全民健保。

當陳培榕在花蓮慈濟醫院擔任主治醫師時，有一次來了一位上呼吸道阻塞的個案。由於那是位駝背並有脊椎側彎的病患，下巴直接頂著喉嚨。施行氣切時的一個要點是隨時將氣管維持在中線。如果手術進行中發現阻礙物就要設法排除，但不可能事事如意，排除時仍是會遇到困難。譬如這位罹患僵直性脊椎炎的駝背病人，生命危在旦夕，也只能坐著施行氣切。而他的下巴跟前胸很近，執行時要讓氣管維持中線本就比較困難。陳培榕請一位住院醫師幫病人把頭盡可能擡起固定，同時他得要彎下腰，快速找到適當的下刀位置，一切狀況都在在考驗著醫師的穩定性和臨場抗壓性。

「氣切最困難的就像這種狀況。還有，如果阻塞的地方越低，就要施行『低位氣切』，越往下越難做，無名動脈、頸動脈等大血管更需要注意。」

除了這些急救技術，之前耳鼻喉科醫師要負責的，還包括很多現在由其他科別負責的任務。各種五花八門的狀況都會遇到，對此陳培榕多少都有一些經驗，譬如說食道擴張。

排除無法想像的異物阻塞

陳培榕來花蓮早期處理過最奇特的食道異物，就是手錶。一位受刑人情急之下吞下一只手錶，卻卡在食道和胃之間的賁門。陳培榕看到這個情況，真有點傻眼，還是得想辦法解決難題。「一只金屬手錶那麼大，如果要經過整條食道、再經過咽喉，沿著原路把它夾出來，實在不可能。」陳培榕想了各種辦法：「因為金屬手錶不是尖銳物品，乾脆讓『它』掉進胃裡面，再讓他大出來……」於是陳培榕利用近四十公分的食道鏡，把卡住賁門的手錶推進胃裡面，讓手錶順流而下。

以前這些卡在食道內的異物，都是耳鼻喉科要負責處理，現在，如果是卡在食道位置，年輕醫師大都請腸胃科處理。使用胃鏡雖然方便，但也會有一些限制。譬如說取出卡很緊的、體積較大的食道內異物時，就不太適用。

當然，幫忙取出吃東西不小心卡住的魚刺、豬骨、雞骨頭，對陳培榕而言更是經常遇到的情況。「很久以前，我也幫我太太拿過魚刺，有一次她吃東西吃到一半，說她很不舒服，我帶她到醫院，用反射鏡照進去，原來魚刺卡在右側扁桃腺下極近舌根部，看到之後就幫她夾出來。」陳培榕就這麼「救」過太太很多次。除了幫忙拿掉令人非常難受的魚刺，陳培榕有次還真的救過太太一命。

「我還在支氣管裡拿過花生！」陳培榕所說的，是有一次一位四歲的小朋友吃花生嗆進主支氣管裡。肺分成左肺和右肺，通常被異物卡住支氣管的那半邊，肺部會發生氣腫或塌陷，小朋友呼吸也會比較喘。有時候照X光會看得到卡住的異物，如果X光沒拍到異物本身，也可以從影像看出兩邊的肺部不太一樣，再配合病史詢問，就能找出原因。那一次，陳培榕是用硬式的食道鏡夾出花生，但過程說實在險象環生，現在這種異物嗆進支氣管的狀況，在花蓮慈濟醫院都交由胸腔內科或胸腔外科專責處理。陳培榕認為，呼吸道異物比消化道異物要危險太多，所以他真的非常尊敬從事小兒耳鼻喉科的醫師。

除了各種骨頭和花生，陳培榕也處理過黏在呼吸道裡的水蛭。在花蓮，鼻內出現水蛭的情況最為常見，大部分都是民眾生飲山泉水時不小心一起喝進去的，這用反射鏡就可以看到，比較容易處理，只要拿鑷子或用俗稱「鱷魚鉗」的 alligator 夾起就好。陳培榕在剛到花蓮不久，就曾遇到過一位特別的病患，這位患者數週以來一直覺得喉嚨有異物感、很不舒服，有時候甚至會咳一些血絲出來，但卻一直找不到原因；病人向陳培榕求診時，陳培榕從反射鏡看到，才發現水蛭緊緊黏在患者喉部聲門下方，聲帶打開時水蛭的身體才會露出來。最後，他是在靜脈麻醉下，使用喉鏡才將水蛭夾出來。水蛭吸附在喉部下方是非常罕見的狀況，陳培榕還將此個案寫成論文，並且在耳鼻喉科醫學會報告過。

陳培榕在臺大耳鼻喉科擔任住院醫師四年，包括門診、急診、病房照顧、手術都需嫻熟精通。陳培榕回想那時候的日子十分辛苦，尤其是值班的時候。有時雖然有老師或學長姊在旁指導，但許多狀況還是得靠自己來，他也就這麼練成了一身的武藝。

第3部

花蓮好時光

黃色的樹林裡分出兩條路，可惜我不能同時去涉足，
我在那路口久久佇立，向著一條路極目望去，
直到它消失在叢林深處。

但我卻選了另外一條路。
它荒草萋萋，十分幽寂，顯得更誘人、更美麗，
雖然在這條小路上，很少留下旅人的足跡。

那天清晨落葉滿地，兩條路都未經腳印污染。
啊，留下一條路等改日再見！

我知道路徑延綿無盡頭，恐怕我難以再回返。
也許多少年後在某個地方，我將輕聲嘆息將往事回顧，
一片樹林裡分出兩條路，
而我選擇了人跡更少的一條，從此決定了我一生的道路。

——佛羅斯特〈未走之路〉

深夜的慈濟大學操場上，在一片黑暗中，只靠著天空星月的微光，還有城市投射到天空中的一些反光，讓陳培榕依稀看得清楚前方跑道和周遭的黑影。陳培榕一邊調整呼吸、一邊慢慢往前跑。每次跑步就一口氣跑完十到十五公里的距離，是他的習慣，也是自我要求。對一位外科系醫師來說，運動有益健康，可以維持心肺功能和體力，但是不能過度。

陳培榕體型偏瘦，但體力和運動神經很不錯，小時候擅長打棒球，成年之後則熱衷於跑步，而他家的兄弟們也都頗擅長運動。他的母親在高中時就是運動選手，跳高和跑步都很拿手，或許是從媽媽那裡遺傳了不錯的體質和運動基因，也讓他擁有運動員般的個性——沉著、冷靜、自律而且專注。

他自學生及當兵時，就很喜歡跑步了，而從他來到花蓮慈濟醫院擔任主治醫師開始，跑步的習慣則維持將近三十年，剛開始他想自我鍛鍊，考慮到各種運動的方便性，只有跑步是隨時有空就能做，而且一個人就可完成，因此他就一年年跑下來。剛開始他一週跑三次，後來至少一週二次。「雖然現在我越跑越慢，也沒有辦法跑太久。我通常都利用晚上，下班之後，大都晚上八、九點的時候去跑。」在工作繁忙之時，日常固定跑十

公里，不但鍛鍊身體，也可以釋放壓力，讓他感覺身心愉快。「我一直以來都住宿舍，這樣運動很方便，操場就是我的運動場。」

雖說跑步方便，但維持長期習慣真的需要意志力。儘管陳培榕也有疲憊不想運動的時候，但他依然維持一週一次；在飲食方面，他不需要吃得很好，而且每餐都只維持八分飽，非常有自制力。陳培榕說，「我看過喬伊斯的小說《都柏林人》，書裡面修道院的修士苦行者，都是睡在棺材裡，每天凌晨兩點起床，過午不食。」，當然這太極端了，但相較之下，陳培榕自覺算過得非常舒適。

從臺大到花蓮這二十幾年，花蓮的生活步調讓個性恬淡的陳培榕「非常適應」。很多人說花蓮地處偏遠、生活乏味，但他日常讀書、看診、開刀、跑步，不但不覺枯燥，反而樂在其中；雖說如此，他也不是全然沒有壓力，比如說，家人其實一直希望他到西部獨立開業，但陳培榕總是淡淡的說，年紀都這麼大了，哪有力氣開業。但在醫院的診間，陳培榕可以看診看到晚上九點；病房裡，病人也常常看到還戴著頭燈的陳醫師，九點以後還來巡房，陳醫師好像還是很有體力。「我只是覺得，治療這些病人可以得到成就感。大概對賺錢沒有很大的欲望……」陳培榕用一貫誠懇的語調淡淡地說。

第一章

實習醫師與宗教家的相遇

陳培榕因為師長的邀請以及和宗教家的相遇，緣分細細牽引，於一九九三年來到花蓮慈濟醫院，直到二〇二二年，他待在這裡已經超過二十九年。

真要回溯起來，陳培榕與花蓮緣分的種子埋得既早且深。除了大學時陳培榕參加山服社到臺東服務，經過花蓮時驚鴻一瞥，東部的大山大海讓他印象深刻，一九八六年到一九八七年之間，陳培榕還是七年級實習醫師時，就因為臺大和慈濟之間有建教合作，他成為第一屆到慈濟醫院來支援的實習醫師。一九八九年退伍後，又進入臺大醫院擔任住院醫師時期，也會輪流到慈濟支援，他總共受四年的住院醫師訓練，陸續來過慈濟醫院的時間算算也有六、七個月之久。

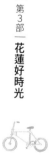

陳培榕很喜歡讀書，在大學時期，臺灣大學總校區對面，以及臺灣師範大學附近書店林立，他假日常常就窩在書店裡。如果遇到喜歡的書，他就會渾然忘我地一整天埋首在書堆中。在醫學生的時代，他就開始看很多書，也從書中發現很多偉大的人物，都有「從一而終、堅持到底」的毅力。其中最令他印象深刻的，就是像馬偕醫師[1]等來到臺灣的傳教士們的奉獻精神。

服役期間是陳培榕閱讀量最龐大的時候，包括托爾斯泰、屠格涅夫、契訶夫、莫泊桑、喬伊斯等大師的小說等經典名著，他都會津津有味地看完，甚至會精讀和細讀，去感受作者要傳達的概念與精神。其中陳培榕認為影響自己最大的，就是托爾斯泰[2]。

托爾斯泰是位宗教人文主義者，雖然身為貴族，但他可以放下自己的身分，跟農民打成一片，發揮了他所深信的博愛精神；他的小說充滿宗教性的理想化情節，這種昇華的高尚情操，讓陳培榕覺得很崇高而偉大。「佛洛伊德講過，最強的心理防衛機轉就是昇華，至於比較糟糕的，就是壓抑在潛意識裡，轉化成如歇斯底里的精神症狀。」陳培榕說，「當我們遇到挫折或不順利的時候，若能改變心境去幫助別人，像托爾斯泰放棄自己的財產，去跟農民一起種田和生活，這就是一種昇華，一般人是做不到的。」這種情操，很有美感，陳培榕覺得是一種「宗教情懷」。托爾斯泰的語言雖然簡單易懂，卻非常有令人感動之力。在長篇小說《安娜・卡列尼娜》[3]中，托爾斯泰第一句話就寫道「幸福的家庭都是一樣的，不幸的家庭則各有其不幸。」讓陳培榕深受震撼，可回味琢磨再三。像這樣平凡、簡短的文字，卻能像格言一般，刻劃出人間的哲理，似乎不論經過多久，都禁得起時間和世人的驗證。而他自己雖沒有讀《戰爭與和平》那麼大的巨著，但卻喜歡他的短篇。

托爾斯泰的文字洗練、沉穩，展現出極大的力量和深度——這是陳培榕閱讀其小說

1 馬偕（George Leslie Mackay）是位出身於加拿大的教會牧師，於十九世紀末時來到臺灣傳教與行醫，引進了大量的西方醫學與其他科學知識。目前位於臺灣各地的馬偕紀念醫院，即是為了紀念馬偕在臺灣的貢獻所建造。

2 托爾斯泰是活躍於十九世紀的俄國小說家、哲學家與思想家，代表作品包括了《戰爭與和平》、《安娜・卡列尼娜》等不朽名著。

3 《安娜・卡列尼娜》是俄國作家托爾斯泰於十九世紀末所創作的小說，內容描寫了當時俄國社會、家庭、政治、農業等各種生活風貌，是托爾斯泰的半自傳式作品。

的體會。他認為自己沒有像托爾斯泰這樣的情操和宗教情懷，但是卻會被他描寫的「典型人物」深深吸引，而托翁本人則是充滿了「卡里斯馬」的人物 4 ——超凡的領導魅力和感染力。細數自己的人生歷程中，陳培榕也遇到很多重要的人物，讓他深刻體會「卡里斯馬」的影響力。

在陳培榕同梯的臺大耳鼻喉科醫局同儕當中，還有兩個人來到花蓮，其中韓建國醫師一開始到玉里鴻德醫院服務，其他都留在西部，有些自行開業、有些到醫院任職。陳培榕之所以會來花蓮，主要是因為當時慈濟的耳鼻喉科主任盧漢隆醫師是他的「師父」；加上當時的曾文賓院長，也是教陳培榕高血壓的老師；慈濟的第一任院長杜詩綿教授，則是陳培榕在臺大的鼻咽癌老師，這些都是他所景仰的前輩與「先生（先賢、老師）」。

一九八六年，實習醫師陳培榕來到花蓮慈濟醫院，那是他第一次知道臺灣存在著「慈濟」這樣一個宗教慈善團體。

有一次，陳培榕在醫院大廳巧遇杜詩綿院長，杜院長馬上認出這是之前採訪過他的臺大醫訊社社長。雖然當時陳培榕只是個青澀的實習醫師，但杜院長依然與他一陣寒暄，親切地對陳培榕說：「可以考慮走耳鼻喉科呀！」、「看看以後有沒有機會過來？」

杜詩綿院長在臺大的大堂課上教鼻咽癌，他的風采和學者風範，一直受到陳培榕的景仰。陳培榕在當實習醫師的時候，也曾在時任臺大醫院副院長杜詩綿醫師的診間跟過診。在跟診時，他看到杜詩綿教授總是對病患非常親切、非常關心病人，治學也很嚴謹，杜P [5] 一直是陳培榕心目中的典範人物。當時陳培榕就知道，「杜P是鼻咽癌研究的先驅者和權威，在一九七〇年代，杜P在鼻咽癌臨床及相關的EB病毒 [6] 血清和免疫的研究上成績卓越，並且開啟臺日合作。臺灣的鼻咽癌好發率是日本的六、七十倍，老師也非常不藏私將研究成果與國際共享。」

當杜詩綿院長親切地建議他走耳鼻喉科時，陳培榕並未有明確答覆，因為當時的他還不確定自己未來要走哪一科，也還沒服兵役、當住院醫師，眼前有著太多的未知……但老師的邀請，確實成為潛藏在他內心深處牽動緣分的引線，一路引領著他，直到他在花蓮慈濟醫院的病房裡，遇見了一位令他感動的宗教家——證嚴法師。

4 卡里斯馬是日文カリスマ的音譯，該詞則源自於英文的 charisma，意指個人魅力或領袖氣質。

5 P是 Professor 的縮寫，也就是教授之意，是醫療體系中對教授級人員的敬稱。

6 EB 病毒的英文原名為 Epstein-Barr virus，是最常見能引起人類疾病的病毒之一，屬於疱疹病毒科。

「上人幾乎每天來醫院，雖然我沒有和他說過話。但我常常看到他在病房關心病人、跟病人聊天。」陳培榕說。這兩人之間最近的距離，是陳培榕有一次正在病房裡做外科訓練，他看到隔壁床躺著一位因工作受傷的工人，病人的腹部和四肢都有著多重性創傷。身為慈濟醫院創辦人，證嚴上人正親自探視這位病人，陳培榕只聽到上人輕輕地跟病人說：『費用的問題不要太擔心，好好的把病養好，才能夠回到工作崗位。』」

當時陳培榕深深從上人身上感受到一股慈悲的力量。上人祥和柔軟的話語，讓他升起佩服且感動地體會到所謂的「卡里斯馬」。「我也是那個時候才知道慈濟醫院不收保證金。」當下，年輕的陳培榕就覺得這家醫院非常有宗教的慈悲精神。

「我最認同的，就是上人說的『因貧而病、因病而貧』。這真的是很簡單的一句話，卻有很深刻的意義跟內涵。」陳培榕覺得，當心中有認同，就不會有雜念。他沒有特別的宗教信仰，卻也開始逐漸理解到、體會到所謂的「宗教情懷」。而理解宗教情懷的同時，陳培榕也發現，實踐是最困難的一件事，許多人的信仰，似乎只注重於遠離塵世的修行或是舉行法會儀式，但慈濟卻是確實地在實踐。興建醫院需要的是一磚一瓦的募款，在那個時代要在花蓮蓋這麼一家大醫院，是真的非常困難的。「儘管過了這麼久，願意來花東設院的私人醫院，到現在也還是只有宗教團體所蓋的醫院。」沒有足夠的人口數和收益，只有宗教家願意在這樣的地方蓋醫院，照顧當地相對弱勢的病患，這是上人讓陳培榕佩服的地方。對陳培榕而言，「宗教情懷」原本只能藉由閱讀書上的故事才能體會，但此刻，他卻在真實人生中獲得驗證。

陳培榕從年輕時就充滿使命感，正是這種追求真理的理想性格，讓他受到慈濟醫院「以人為本」的建院理念所吸引。「我雖然沒有特別的宗教信仰，是比較世俗的人，但我很認同佛教精神中的理念，希望能在實踐這部份上多做一些。」陳培榕向來很佩服傳教士精神，傳教士總是從一而終，而來到臺灣行醫的馬偕醫師，也讓他非常感動。「上人也是從一而終、堅持到底，這是宗教情懷的實踐。我就是認同上人的理念，才會過來花蓮。」

儘管「信仰」的內涵有很多，不只有宗教的信仰、還有理想或觀念的信仰，但不論哪一類型，最重要的就是「實踐」。儘管陳培榕認為自己還不夠資格談論真正的信仰，但一直待在這個醫院做好自己該做的，也算是無愧於天地的一種實踐方式。這段期間，當然也曾有其他醫療院所開出更好的條件來邀約，但去留之間，陳培榕說：「這端看自己抵抗誘惑的能力。我常常教小孩，你要有『中心思想』，小孩或許聽不太懂。我覺得我的中心思想就是『宗教出世情懷』。也就是從這理念出發，並從中找出自己為人處世的標準。」

佛洛伊德也是影響陳培榕很大的一位思想家及醫師，尤其是他的心理學和社會學理論，啟發陳培榕整理出一套自己的理念，而這樣的理念，也讓他在這進步快速的多變時代，保持自己的心堅定不受動搖。而這一晃眼，二十九年光陰便倏忽而過。

第二章

全年無休待命的一人科

碧山學士焚銀魚，白馬卻走深岩居。
古人已用三冬足，年少今開萬卷余。
晴雲滿戶團傾蓋，秋水浮階溜決渠。
富貴必從勤苦得，男兒須讀五車書。

——唐・杜甫〈柏學士茅屋〉

陳培榕完成住院醫師訓練、升任主治醫師之後，很多同修都去開業了。臺灣於

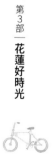

一九九五年開始實施全民健保，在還沒有健保的時代，開業醫和待在醫院任職的醫師，收入確實有可能會相差十倍以上。陳培榕雖然對開業並不排斥，但知道開業醫的收入好很多，也瞭解許多基礎的診治還是需要有人去做，且開業和在醫院服務都能奉獻所長，但他不想開業，覺得自己錢夠用就好，他從未把賺來的錢做專業投資。當年的他，想培養自己的能力及興趣，提昇自己的專業，也覺得醫院可以醫治到的病人和疾病種類比較多元。

佛教慈濟綜合醫院（現名花蓮慈濟醫院，簡稱花蓮慈院）第一任院長杜詩綿醫師，是當時臺灣醫界耳鼻喉科重量級的人物，也是陳培榕的老師。陳培榕另一位老師徐茂銘教授，則是杜詩綿院長的主要繼承者之一，徐教授當時是臺大醫院的耳鼻喉科主任，也因為建教合作關係，每個月皆會前來花蓮慈院訪視；他的直屬「師父」盧漢隆醫師，則是一九九一年時來花蓮慈院服務，並於一九九二年繼沈宗憲醫師之後接任花蓮慈院耳鼻喉科主任。耳鼻喉科是「師徒制」，也就是由第三年住院醫師（R3）帶著第一年住院醫師（R1）手把手的傳授教導。陳培榕一方面認同慈濟的理念和情懷，一方面在實習醫學生和住院醫師時已經來過花蓮慈院，對這裡並不陌生，加上花蓮這個地方很適合他安於平淡的個性，多方考量之後，一九九三年五月陳培榕通過專科醫師考試，七月就來到花蓮。

到慈院服務七、八個月之後，陳培榕的師父盧漢隆醫師被血液腫瘤科的高瑞和醫師經由骨髓穿刺診斷出罹患骨髓功能低下的疾病，隔年，一九九四年的春天，盧醫師便開始請長假接受治療。陳培榕最初報到時，耳鼻喉科包括他在內共有兩名主治醫師，師父請假之後，就只剩下他一人！耳鼻喉科成了「一人科」，他一位主治醫師帶著四位住院醫師，分別為R1、R2、R3、R4[7]。

慈院剛啟業的那些個年代，偏遠的花蓮很難聘請到各專科的主治醫師，導致許多科別都是「一夫當關三百六十五天」的狀況。一人科的陳培榕，一個月要ON CALL（待命）三十天班，等於每天都在ON CALL，不能離開醫院太遠，如果遇到值班住院醫師沒辦法處理的狀況，他就要馬上到醫院支援；所以他的生活圈就是在醫院、以及距離醫院步

[7] 在此R是住院醫師（Resident）的縮寫，R1指的是第一年住院醫師，依此類推R2是第二年、R3是第三年，R4是第四年。住院醫師的訓練年限依科別為從兩年半至六年不等，依現行制度耳鼻喉科為四年半。

行五分鐘的醫師宿舍之間。科裡的住院醫師一個月也要值十五天班。ENT（耳鼻喉科）比較特別之處，在於許多專業疾病的診治無法請它科代勞，大大小小的問題都要自己處理。

由於只有一位主治醫師，常常分身乏術，遇到狀況需分身時，陳培榕會優先處理最緊急狀況。譬如陳培榕剛好在手術或門診時，急診或病房有狀況就得由住院醫師先去處理，所幸大部分狀況住院醫師都可以處理，萬一真的沒辦法，他就得出面接手。有時陳培榕正在開刀或門診時，病房或急診室的住院醫師來電求援，他只好先請手術室或門診同仁或病人稍等他一下，趕著去急診或病房，處理妥當後再趕回開刀房或門診。

有一次他正在手術室開刀，急診室來了一名年輕的女性病人，她因為氣切管掉落而呼吸困難。

通常醫師之所以會為病人進行氣切造口術，大都是上呼吸道因不同原因所導致的阻塞或出血。一般造口可以分成暫時性造口跟永久造口；通常進行全喉切除，就必須做永久造口；萬一造口的管路脫落，沒有管子撐住，容易變成縮口，其實連永久性造口也會縮口。

一般如果氣切管脫落，病人的氣切口會很快收縮，必須要進行「氣管口擴張術」，並從最小的管子慢慢地把這個造口再撐大，若沒有即時處理，當洞口縮得太小時，就會難以找到原來的切口。這位送入急診的女病人，因為過去的外傷造成喉氣管狹窄，導致住院醫師一直無法將氣切管插入氣管內。「光是縮口本身，就已經讓醫師情緒緊繃，如果順利找到氣切口，卻又發現管子無法順利插入，才是最痛苦的事。」

聽聞住院醫師遇到插管困境，正在開刀的陳培榕請住院醫師趕緊把病人推到手術室，他暫停常規手術，先用小管慢慢擴張，最後用較大管徑的管子幫病人重新裝上，接著再繼續原來的手術。

當時的陳培榕過著隨傳隨到的生活，無論休息的時候、看書的時候、睡覺的時候，只要宿舍的分機電話或 B.B.Call 一響，他就趕緊從宿舍回到醫院，大概幾分鐘就能到達急診或病房。就算是假日，陳培榕也不能走遠，之前的年代放療技術還不是很進步，比較常會碰到鼻咽癌或其他頭頸癌病人治療過後的大出血，有幾次在他趕到時，急診室或治療室的床及地板已經紅通通的一片。但陳培榕還是保持信心，只要緊急處理暫時止血，就能將病人送去接受栓塞或手術，都還有機會保住病人一命。「我覺得在東部，很多時候病人都把自己的病況拖得太久，等到疾病很嚴重才就醫，對醫師來說很無奈！」陳培榕認為，處理耳鼻喉科的急症，最重要的是能讓呼吸道保持其暢通，並具備控制大出血或耳鼻喉頭頸嚴重感染症緊急處理手術等這類緊急事件的能力，這些都處置得當後，其他部分他就可以比較不疾不徐地掌握住。

三十多年來，花蓮慈院一直是整個東部唯一有耳鼻喉科二十四小時急診的醫院。而具備耳鼻喉科急診，是升格為醫學中心的必要條件之一，慈院在耳鼻喉科人力最拮据的時期，陳培榕就算是一個人、一年三百六十五天隨時On Call，他也從來沒有放棄過，因為他想讓東部所有跟耳鼻喉及頭頸有關的急症與重症病人，都能在第一時間獲得良好的診斷及處置。

當年才三十二、三歲的陳培榕剛結婚不久，就帶著太太一起來到花蓮，陳太太這才真實感受到原來花蓮是這麼偏遠的地方。他們的第一個孩子在一九九四年出生，這也是陳培榕最忙碌的時期。而從一九九四到一九九六年間，大概有兩年半的時間，陳培榕得自己一個人獨撐大局。

一九九六年，花蓮慈院耳鼻喉科終於迎來第二名主治醫師，而且是位女性，她是徐茂銘教授的女兒——徐莉萍，她的到來幫了耳鼻喉科很大的忙。而當年為了能申請住院醫師訓練的資格，首先科裡需要有三名主治醫師，剛好專精於耳鼻喉科與頭頸部癌症的謝地教授自臺大醫院一九九三年退休後，經徐教授推薦於一九九四年前來幫忙，將醫師證照掛在慈院之下，一個星期到花蓮看診一天，終於有了更多人手。陳培榕非常感謝當時還有臺大醫院的建教合作，住院醫師可以跟臺大醫院輪訓，互相支援。「否則耳鼻喉科就倒科了！」陳培榕說。

有了兩名主治醫師，星期一到星期六，醫院門診開了十一個診次，其他時段還要安排手術和急診值班，在人力緊缺下，甚至連住院醫師都下來協助看門診。也因為診次開得少，因此每次門診病人都很多，看診時間往往較長，常會超時。陳培榕一個星期只有四次門診，平均一診約五十人，有時連假前後也曾經一診看了近百名病人，馬不停蹄，從早上看到晚上。

當年的花蓮，口腔、口咽、下咽及喉癌發生率比西部高不少，鼻過敏則較少。但嚴重的鼻竇炎、中耳炎及口腔咽喉發炎引發的深頸部感染頗常見，感染嚴重的話，也可見一些併發症。像鼻竇炎併發、眼眶眼窩發炎，以及中耳炎併發、乳突或顳骨岩部發炎，都需要耳鼻喉科來處理。

手術的部份，在徐莉萍醫師加入前，陳培榕也是一人獨撐大局。一般手術大致沒問題，但困難手術總有第一次，有些他在臺大醫院住院醫師時期，曾跟著老師或學長做過，沒有自己主刀過。陳培榕一定會先做好各項準備才會上場，但總會遇到他自己未曾經歷過的狀況。這時候，JP Shah醫師的著作，成為陳培榕手邊最常翻閱的「開刀聖經」。書中將每個頭頸部位的術式都以圖片展示並配上詳細的講解，不但讓陳培榕可以先模擬預習，手術結束後再對照重新複習，加深印象。

如果遇到的術式較困難，而且陳培榕本身也比較沒有經驗的，就真的要求救了。陳培榕非常感謝在那段非常時期，許多位老師對他的愛護或甚至拔刀相助；包括徐茂銘老師、林凱南老師、柯政郁老師、張燕良老師及沈宗憲老師，都曾是他求救的對象。「很早期時，徐P（徐茂銘教授）跟柯P（柯政郁教授）都會來花蓮支援指導開刀；我自己一個人負責耳鼻喉科那段時期，曾在慈濟當過耳鼻喉科主任的沈宗憲醫師也會來幫忙，甚至現在有問題時還常用電話請教幾位師長。」

除了手術，一人科的陳培榕還要帶領耳鼻喉科病房，並訓練好護理人力。耳鼻喉科的住院病人平均大約二十幾位，最多曾近五十位。一般的病房照顧包括開刀傷口的換藥、給藥和開醫囑。有些病人有心臟病或糖尿病等共病，也要特別注意。

此外，耳鼻喉科有很多病人都需要管路；而癌症或深頸部感染的病人，都動過氣切手術或裝了鼻胃管，則需要比較深入的臨床照護，不是一般科別可以做的。癌症的病人需要放、化療，有的住家較偏遠，需要住院連續治療。

耳鼻喉科病房的術後照顧，主要包括了「傷口照護」與「管路照護」。耳鼻喉科主要有「三管」：鼻胃管、氣切管和 port A（人工血管）。port A 人工血管是注射化療時裝在胸前的管路，沒有照顧好就容易塞住或發炎。鼻胃管需要定期更換一次，還必須防止脫落或是病人自拔。氣切管脫落則比較危險，氣切口在幾個小時內就縮口了，需要趕快重新置入，如果病人不能呼吸就會缺氧。陳培榕認為在耳鼻喉科病房或門診工作的白衣大士真的比較辛苦。

陳培榕認為，臨床照顧每個步驟都很重要，對於醫師、專科護理師和護理人員而言，需要不斷學習，包括防止管路滑脫、用藥安全、預防跌倒，都是馬虎不得的基本照護，所以他也細心地教導病房醫師和護理團隊，醫護人員的服務精神與專業也是醫療品質的一部份。

如今陳培榕回想起來，當時有醫學生要帶、護理也要指導、晚上要值班，還要手術，確實是辛苦。而擔任主治醫師之後，因為忙碌，也真是比較沒有辦法獲得自我外訓機會，只能依賴自學。

其實，陳培榕一度有想到國外進修，尤其是到美國紐約斯隆．凱特琳癌症中心(Memorial Sloan Kettering Cancer Center，簡稱 MSK 或 MSKCC），當時中心主任就是陳培榕景仰的耳鼻喉科名醫——印度裔的 JP Shah，也是他最常研讀的教科書作者。但是沒辦法，如果他出國的話，慈院耳鼻喉科就真的「倒科」了，只好打消念頭。

徐莉萍醫師加入後，陳培榕會再起心動念，覺得可以出去了。但是他認為應該至少要半年或一年才能有充足時間學習，但臨床及行政業務（包含醫院評鑑）愈發繁重，又加上醫學院成立後的教學及研究工作時間真的不夠，也就作罷。如果只是幾週或一、兩個月的進修，就會像「蘸醬油」一樣，能學到的技術或制度架構有限。雖然如此，他還是會把握各種進修機會，在百忙中抓空檔參加短期的工作坊，保持學習新技術的動力。

很多醫療人員在這裡待不久，是因為覺得花蓮這個地方，生活無聊又不方便，孩子念書求學也是大問題，天氣又潮濕，颱風地震也多。但陳培榕想，若要比較天氣潮濕的程度，在馬祖服役時，士兵們都睡在地窖或坑道裡，自己寢室還是沿著山壁挖進去建造而成的，冬天甚至比花蓮更冷更潮濕，他都不以為忤；而說到偏遠，他反倒覺得花蓮很清幽。小孩就學也還好，加上他也喜歡獨處，不怕無聊。他的滿足感在於自己做的是對病人很有幫助的，只要能救活一個病人，就是他快樂的來源。「所以我常說，我是關在象牙塔裡的人。」陳培榕想起，他曾經讀過杜甫的一首詩〈柏學士茅屋〉：

碧山學士焚銀魚，白馬卻走深岩居。
古人已用三冬足，年少今開萬卷余。
晴雲滿戶團傾蓋，秋水浮階溜決渠。
富貴必從勤苦得，男兒須讀五車書。

這首詩的意思是說，因為安史之亂，直言相諫使柏學士失去了官職，後來，他將茅屋搭建在險峻的碧山之中隱居。而古人讀書，苦讀三年已很厲害，這位柏學士年少就已讀過萬卷書，是文人之中的佼佼者。〈柏學士茅屋〉這首詩的內容，寫的是這個人不特別喜歡求取功名，心態恬淡，退隱當個閒雲野鶴的心情。這首詩讓陳培榕心有戚戚焉，最後兩句「富貴必從勤苦得，男兒須讀五車書。」更是讓他非常有感。陳培榕認為「富貴」的意思，不見得是看得見的金錢，而是「精神的豐盛」；而「必從勤苦得」，即表示需要付出努力才能感受，這也反映在他的日常生活上：「譬如我看門診看得很久，雖然身體疲倦，但很少喊累，只要能幫助病人，精神上就覺得很滿足。」

「我覺得有些文章、小說，多看幾次，每次看的感受都不一樣。在不同年紀、有了不同生命經歷後再來讀，就有不一樣的體會和收獲。所以我也很少出外旅行，我不需要去看美國大峽谷，只要看看花蓮的山，就覺得很美。平常的樂趣就是跑步、看書。」他讀專業的論文，也讀其他有興趣的書，甚至連其他科別的專業學術他也讀。「我現在假日除了有要事之外，大多都窩在家裡足不出戶，活在自己的象牙塔裡。」陳培榕笑說，這位柏學士將茅屋搭建在碧山秋水之間隱居，和他怡然自得的個性剛好相呼應。然而，即使陳培榕平日喜歡獨處，但面對耳鼻喉科的經營，可不能永遠孤身一人，一定要積極培育新血。

第三章

一手帶起的溫馨科

一九八〇年之後，耳鼻喉科（ENT, the Ear, Nose, and Throat）開始漸漸熱門，成為很多醫學生畢業後的專科選項。有人說，ENT叫「Easy No Tension」，意思也就是「輕鬆沒壓力」。陳培榕說：「我不認為ENT是easy no tension，ENT臨床負擔絕對比許多臨床科壓力有過之而無不及。」雖然耳鼻喉科不像外科系的神經外科、骨科等，要處理很多急診創傷；或是隱藏在身體裡不易診斷、稍微延誤就會很嚴重的疾病，譬如急性盲腸炎。但是，耳鼻喉科自有他重要之處，而且還相當專業呢！

有一句英文順口溜是這樣形容的：「內科醫師什麼都懂，但什麼都不做（Internists know everything, but do nothing.），外科醫師什麼都不懂，但什麼都做！（Surgeons know nothing, but do everything.）」，而「病理科醫師則什麼都懂、什麼都做，但一切都太遲了。（Pathologists know everything, and do everything, but it’s too late.）」。

陳培榕說，這雖然是句笑話，但也頗傳神。耳鼻喉科屬於外科系，需要拿起刀動手術；耳鼻喉科也是醫師看診最辛苦的科，是所有醫師在門診時，唯一「病人坐著」，但醫師必須「站著看病」的科，而且常常為了要看清楚，必須彎腰駝背，以至於耳鼻喉科醫師也常有職業傷害，像他最近就因頸椎退化造成一些神經根壓迫病變，而有左肩及手部痛麻的職業病。

不過，陳培榕認為耳鼻喉科最迷人之處，就是不拖泥帶水，即使有時需要詳細的鑑別診斷，但通常可以當機立斷馬上處理。只要醫師基本功練好，通常局部理學檢查就可以做好診斷，很多疾病也可以馬上治療。像抽鼻涕、抽膿、夾耳屎這些看似無足輕重的小技術，對於病人來說，卻大大地影響了身體的舒適感，所以他自認耳鼻喉科應該是「什麼都懂、什麼都做，而且時機剛好，永遠不晚！（Otolaryngologists know everything, do everything, and it’s not too late.）」，也就是內外兼修吧！」

耳鼻喉科內的人力少，陳培榕剛開始也不好高騖遠，他認為最重要的就是把臨床的工作做好，因為臨床就是服務；但教學也是要做好，才能培養人才，因此臨床和教學必須並重。

儘管剛開始只有陳培榕和徐莉萍兩位醫師在教導學生，但多年來耳鼻喉科都會獲得醫學生評選為前三名的「最佳教學科別」。陳培榕認為，教學就是傳道、授業、解惑，方法無他，正是需要一個妥善的教學計畫來執行。他把臺灣大學跟成功大學的計畫拿來當參考，修改成適合慈濟醫院的方式。為了彌補師資不足，他先憑藉私交邀請臺灣大學醫學系的老師到慈濟授課，包括徐茂銘、李憲彥、蕭自佑、林凱南、劉嘉銘、許權振（現臺中慈院副院長）等在專業領域上首屈一指的大教授，來花蓮為醫學生上課。

陳培榕教學認真，一律採小班制，大概一組三至五個人。平常他會要求醫學生要參加科會、晨會、特殊主題討論會等等，慈濟大學醫學系第一屆畢業，還留在花蓮慈院各專科執業的醫師，包括王佐輔、朱崧肇、張宇勳、羅彥宇、張懷仁、張恩庭等等，都是陳培榕教過的學生。

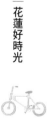

陳培榕認為，老師除了知識的傳遞，身教最為重要。他不會特別想考倒學生，因為在醫學的領域，想考倒一個人太容易了；他也不會特別嚴格，因為醫學生大部分原本就很擅長讀書和學習，不太需要特別教。他認為，老師的言行合一是最重要的，學生們都會觀察老師的一舉一動，因此以身作則，無形中影響學生，這便是身教。

以恩師為範本，身教延續醫風

陳培榕說，其實自己有一個學習典範（Role Model），就是慈濟醫院的陳英和名譽院長。陳英和是長他七屆的學長，也是他在臺大醫院實習時，帶領他們的總住院醫師。陳培榕說，住院醫師跟實習醫學生年紀不會差太多，對醫學生來說，住院醫師比起高高在上的教授更容易親近，而且住院醫師跟實習醫學生的相處時間也更多，陳英和院長當時除了是骨科住院醫師，也曾代理過整形外科總醫師，同時也是他看過最熱心教學的住院醫師。「我覺得他就是 Resident as Teacher（住院醫師擔任臨床教師）的最佳代表。」

陳培榕說，「老師非常認真，也非常地有教學熱忱，包括指導怎麼開醫囑、臨床的知識技能和方法，以及各種處理原則，都教得非常好，可以整理出自己的一套邏輯思路；他不講深奧的道理，但是都能讓學生對疾病有所體會。另外，就是那種視病猶親的態度。」「如果學生有問題與他討論，他也都毫無保留！」陳培榕形容自己在受教的當下，也感受到陳院長身為老師與學長的風範，所以直到現在，陳培榕還是稱陳英和院長為「先生」（日文中的「先賢或老師」之意）！

為此，陳培榕對學生也總是循循善誘，歡迎學生到他的門診，跟在旁邊看他怎麼問診，或者讓學生跟他到手術室，他一邊做一邊教。他很有耐心，從不罵人，只會點出問題，讓醫學生自省。

陳培榕不只在診間會耐心聆聽病人重複詢問的各種問題，他也從不會嘲笑學生提出的各種「奇形怪狀」的問題或回答。「我覺得不需要嘲笑醫學生的問題很可笑，在這階段會問這個程度的問題很正常。」陳培榕說，有的老師會覺得學生怎麼這麼問，但師父領進門，修行在個人。他教學最大的原則，不是傳達大量的知識，而是要把常見疾病的生理、病理機轉、症狀和症候這些細節傳授給醫學生，並啟發他們學會觀察和思考判斷。「要從年輕養成他們學會思考判斷，才不會當醫師後變成醫匠，只會開昂貴的檢查。」

耳鼻喉科的基礎就是病史詢問跟理學檢查，耳鼻喉科的理學檢查更是所有科別裡最困難的，唯有靠不斷的練習，才能把基本功夫練好——比如掌握反射鏡、鼻鏡、小圓鏡、喉鏡等必備器材的使用——就像練功一樣，要先把馬步蹲好站穩。通常在住院醫師第一年（R1）和第二年（R2）訓練之後，年輕醫師就能察覺到自己顯著的進步與蛻變。

第二屆的慈濟醫學系畢業生溫羽軒，現在也是慈濟醫院資深的耳鼻喉科主治醫師，被陳培榕認為，是天生適合開刀、手感非常細膩的醫師。溫羽軒回憶，升四年級之後，陳培榕老師就是自己的導師。溫羽軒說，老師當時是主任，非常地忙，但是每次上課都非常認真，除了很有耐心，也很有自己的堅持。他可以感受到，老師把這群學子們都視為成熟的個體去對待。「老師再怎麼忙，也都會仔細地講解病人的狀況，甚至常常下課之後，還多講了半個小時以上，激起了我對耳鼻喉科的嚮往。」

當時的耳鼻喉科已經是相當熱門的科別，通常是成績數一數二的醫學生會選的路，但溫羽軒自認成績並不好，「我的名次數字比排名前面同學的總名次加起來還多！」所以他不敢填選。退伍之後，在同學鼓勵下，他才直接向老師陳培榕毛遂自薦，沒想到老師不但張開雙臂歡迎他，還細心耐心地訓練他，讓溫羽軒銘感在心，他直說：「如果沒有主任（陳培榕為耳鼻喉科主任）給我這個機會，也沒有今天的我。」

溫羽軒印象最深的，就是當住院醫師上刀時，主治醫師大都是看一下重點有沒有掌握，接著就交由資深的住院醫師帶領，不會在旁邊一直盯著。但陳培榕是唯一一個當年輕住院醫師開刀時，從頭到尾在旁邊「站崗」的老師。「主任很認真，一直站在旁邊提醒這裡有血管要小心等等，雖然他在身邊讓我們壓力很大，但卻是收獲最多，因為主任的脾氣真的很好，我從來沒看過他生氣，就算步驟不對，他都會帶著學生們從頭再來，醫學上的許多知識，他都瞭如指掌，對我們而言，主任就是『行動醫學教科書』」。

溫情喊話、真心提攜

慈濟醫院雖然有院內自行訓練的住院醫師，但是因為住院醫師要值班，值班要排急診、看會診與門診，還要看顧住院病人。再加上住院醫師訓練之前是四年制，現在則為五年，慈濟醫院每一年的住院醫師都只有一個人獨挑大梁，相對負擔重壓力大，所以常常會有原本「訓練得好好」的住院醫師「逃走」，大部分逃走的理由都是家裡反對，或是後來沒有興趣、覺得太累等等。所幸，二〇〇三年之前，慈濟醫院還有和臺大醫院建教合作，會有臺大的住院醫師過來支援，緩解人力的不足。陳培榕心裡也一直想著幫慈濟多找一些人才，讓耳鼻喉科的人丁可以旺盛起來。那時候從臺大到花蓮、有好幾個支援的住院醫師，包括周昱甫、李家鳳等等。陳培榕觀察他們，覺得他們有能力，好像也蠻喜歡花蓮的環境，就開始進行「溫情喊話」的遊說行動，頻頻跟他們招手，開出大利多，還說可以幫忙談待遇；另外有慈濟大學，主治醫師也可以在此擔任教職作育英才，來到慈濟會有很多他們可以發揮的空間。

陳培榕很感恩在當時克難的狀況，證嚴上人還是都給予支持，不論在醫師的待遇和福利上，都盡可能讓願意來花蓮服務的醫師滿意。

二〇〇三年，周昱甫加入花蓮慈院，成為耳鼻喉科第三位主治醫師，二〇〇四年李家鳳也跟著加入。

年輕醫師的陸續加入，不但對人力有很大的紓解，耳鼻喉科也能夠有更細膩的分工，這些優秀的醫師也讓陳培榕覺得後繼有人，青出於藍。周昱甫醫師主要做耳科，陳培榕認為他是全能型的醫師，開刀手法精湛優秀。李家鳳醫師則走鼻科，加上研究能力出色，讓陳培榕認為可以提昇耳鼻喉科的研究水準。直到二〇〇七年又來了林口長庚訓練，刀法也卓越的楊妙君醫師，加上慈濟醫學院第二屆的溫羽軒醫師也能獨當一面時，耳鼻喉科人丁才開始逐漸壯大，目前已經有七位主治醫師了。

陳培榕也為耳鼻喉科做好分工，讓每位主治醫師都有能夠發揮長才的領域；他的角色就是協助大家能繼續自己的研究與升等計畫。他自己的論文研究以頭頸癌和耳科的疾病為主，如眩暈、突發性耳聾診治的探討。他寫過「口腔癌相關危險因子的分析」等論文登在優良期刊，其中他指出：病人本身如有罹癌的危險因子，治療上若要更深入，應該加上化學治療和放射治療。隨著一篇篇研究成果的發布，陳培榕也從講師升上助理教授、副教授，然後在二〇一四年升等為教授。

雖然陳培榕很客氣地說自己的角色是「協助大家」，但被他找來慈濟任職的周昱甫醫師卻認為老師「無為而治」的「模糊式領導」，其實是帶領團隊最強而有力的力量，也將慈濟的耳鼻喉科建構得更完整。從花蓮慈院開始，到大林慈院成立時即任職的耳鼻喉科何旭爵前主任、臺中慈院的吳弘斌主任與臺北慈院耳鼻喉科的黃同村主任，都是花蓮慈院受訓出來的住院醫師，都是陳培榕手把手帶出來的子弟兵，目前也都在各自專業領域表現傑出。現在慈濟各院區的耳鼻喉科主任，幾乎都是在花蓮訓練後再送出去的大將。

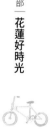

周昱甫從臺大醫學系畢業，服役後便在臺大醫院接受住院醫師訓練，依照慣例，臺大的住院醫師每一年會到慈濟受訓二到三個月，讓慈濟的住院醫師也有機會去臺大受訓作為交換。

周昱甫雖是道地的臺北人，但他很喜歡花草樹木和大自然，到了花蓮之後，覺得搭火車自強號只要不到三個小時就能回到臺北，其實也相當近。升主治醫師之後，雖然西部其他縣市也有知名醫院對他招手，但他認為花蓮慈院已經是醫學中心（花蓮慈院於二〇〇二年升格為醫學中心），可以接觸到的疾病型態比較多樣，也能獲得更多的學習。

周昱甫在花蓮當住院醫師時，印象深刻的就是陳培榕的指導。「老師人很好，親自指導我們開很多手術。臺大醫院的住院醫師比較多，很多手術不見得有實際上刀的機會。在花蓮的話，第一、上刀的機會多，第二、陳副院長會很用心地指導我們。」周昱甫說，臺大因為是大醫院，開刀都是由學長帶，主治醫師是關鍵的時候接手處理。但在花蓮，陳培榕都會從頭教到尾，解釋得很清楚。周昱甫印象最深刻的一件事，就是有一例成人的中耳炎。耳科因為是比較精細的手術，在耳鼻喉科的領域都是最後才學，而中耳炎的手術，是耳鼻喉科比較難入門的，要達到熟練的技巧，得需要一段時間的磨練，包括要在手術檯邊觀摩很長一段時間，並且要從頭一步一步學。「陳副院長就帶著我從頭到尾開，算是我第一檯中耳炎的手術。」

也因為陳培榕帶著周昱甫完成這檯手術，讓他發現自己有開刀的天分。周昱甫回到臺大醫院之後，實際進入耳科手術練習，指導的老師是臺大耳鼻喉科主任林凱南醫師，專長的領域就是耳科。林教授看到周昱甫的技術後大為讚賞。「後來臺大的主任，把所有的刀幾乎都交給我了，他只需在旁邊看著就好，我也剛好有練刀的機會。」

周昱甫之後也成為花蓮慈院的第一位耳科專門的醫師，甚至是陳培榕眼中「全才型」的醫師，除了耳科，頭頸癌、鼻科也都擅長，還是個天生好刀手。周昱甫說，「我現在專門負責耳科的手術，陳副院長就是我的啟蒙老師。」

第四章

傳科之寶——以身作則的模糊式領導

自二〇〇三年來到花蓮慈院以來，周昱甫至今已有十八年的服務資歷，是繼陳培榕之後，耳鼻喉科第二資深的醫師。這段期間，他也遇過在花蓮服務常常會遇到的問題，譬如說，他的家人也會希望他回到臺北，但周昱甫說：「我覺得還是那一句話，花蓮的土會黏人，我在這裡就覺得還可以，病人的數量也穩定，東部最困難的個案，應該都會送來花蓮慈院，所以還是會遇到新的挑戰，遇到就會想去學習。現在很多課程也都可以自己去上，所以覺得在東部和西部沒有什麼差別。至於收入，我是真的沒比過，也不太清楚，就覺得還不錯就可以了！」對收入和名聲不去比較，專注於自己該做的事，是陳培榕給學生最大的影響。

儘管周昱甫非常喜歡花蓮的工作和生活步調，但是好幾年前，他一度打算要離開花蓮慈院，想搬到臺南去開業。

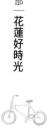

當時有一位病人經他治療完成兩、三年後，又到北部一家醫學中心就診，最後在這家醫學中心過世。沒想到後來病人家屬回頭過來對周昱甫提告，讓他相當錯愕，因為病人是在北部醫學中心治療後過世，距離他治療病人的時間已經過了相當長的一段時間，而讓他最介意的，是一直以來他都與這位病人的關係很好，家屬的提告讓他大受打擊，覺得非常失意。這個醫療爭議官司纏訟了兩年，中間甚至更換檢察官，讓他不時得去重新說明，這讓他心煩意亂，就算他是公認的開刀好手，但這個事件讓他心裡打定主意「不想再開刀了，去開業好了！」

這時候剛好一位在臺南開診所的學長想搬到臺北，要把診所頂讓出來。那年剛好四十歲的周昱甫，心情正沮喪，也覺得再不出來開業年紀就太大了，體力可能會吃不消，於是就頂下那間診所，付了租金、也購買了醫療器材，聘好了藥師，診所如火如荼地籌備，就差周昱甫離開花蓮這個傷心地，到臺南重新出發。

收到周昱甫提出的辭呈，陳培榕大感吃驚，卻也不放棄努力挽留愛徒，「我後來被老師挽留，是因為他找了包括上人和很多我無法拒絕的人來說服我，而且他親自與病人家屬聯繫，掏腰包請大家吃飯，坐下來聊，也請志工師姊來陪伴我，其實這之間，檢察官已經發出不起訴處分，但在老師的幫忙下，最後與家屬也圓滿和解了。」不但事情順利解決，周昱甫也被老師慰留他的心意所感動，最後他付了預定開業診所店面的房東一大筆違約金，還有藥師的資遣費用。所幸購買的醫療器材有即將開業的學弟可以承接，全部都處理妥當後，周昱甫便得以繼續留在他最熟悉的花蓮慈院。

陳培榕愛護科裡的同仁，皆維持一貫「以身作則」的習慣，他嘴裡不說，但總是默默地做，久而久之，其他的學生和科內的醫師，也就跟著去做。

「陳副（院長）領導我們都是以身作則，最困難的事都是他去做。我們不想做的事也都他去做。例如我們不想參加人文活動或志工早會，亦或一些分院的門診——譬如關山和玉里，因為要跑來跑去，大家覺得辛苦。陳副都會去，但他就從來也都不講自己辛苦，就默默去做，久而久之，我們就會不好意思。」周昱甫說，他自己曾去玉里慈院支援過十年，中間中斷了幾次，後來又支援了兩、三年，一直到現在有年輕的主治醫師加入後，就讓年輕人去鍛鍊，但是陳副院長到現在還是維持每兩個星期去玉里慈院看診的習慣，從沒改變。

「他很少說你要做什麼，他是用身教來帶領我們自動去做那些事，讓我們覺得自己應該要做什麼，我都覺得這叫『模糊式領導』，他很少用權威的語氣，就讓我們自己去想。」周昱甫說，就像老師已是副院長，公務相當繁忙，但因為大家都不願意接行政工作，所以他就又一直身兼耳鼻喉科主任，從以前做到現在，成為「萬年主任」，後來院長要求不能有萬年主任，但還是沒有人願意接任，陳培榕只好繼續撐著，也不強迫大家。直到後來院長又要求一次，周昱甫最後只好自願來當代理副主任，幫老師分憂解勞。

經典老爺車也傳承

陳培榕在當住院醫師的時候，買的第一輛車是一部國產福特天王星，他開了十五年之後，總算要換車。這輛車車齡雖老，但車況維持得很好，惜物的陳培榕覺得報廢可惜，但要賣也賣不到好價錢。他看到周昱甫上下班都騎摩托車，於是趁某一天，帶著周昱甫試開這輛車，他們沿著醫院環繞慈濟園區一圈，陳培榕示範了一下路邊停車，說了句「車就交給你了！」後，就帥氣地轉身離開。

望著老師的背影，周昱甫說：「老師就這樣走了欸，我還不太會開車啊！」但後來，這輛十五年的老爺車，又被周昱甫繼續開了十五年，在花蓮陪他從新手駕駛到變成老手，直到現在還在服役中。由於這輛車車齡太老，很多零件都已經停產，若故障還需特別訂做，周昱甫說，有一次車子進廠大保養，等一些訂做零件，在車廠放了一、兩個月，老師有次在他的停車格沒有看到這輛車，還問他：「你的車咧？」讓他笑著趕緊說：「還在！還在！」這也讓他看到老師對這輛車的掛心。

周昱甫對這臺老爺車非常用心地保養和使用，其實早已超出陳培榕的期待，也讓陳培榕說，「車子給對人了！」雖然車廠師傅說，這輛車已經快到汽車使用的極限了，因為它已經行駛了四十幾萬公里！不過周昱甫卻說，「還是很好開，還會繼續開下去。」他猜想，除了收藏家的古董車之外，這應該是花蓮最老的車了，簡直可以作為耳鼻喉科的「傳科之寶」。不過，除了這輛老爺車以外，耳鼻喉科裡師生的傳承與和樂的氣氛也是一寶。其實科裡的人都很清楚，陳培榕對學生們十分愛護，總是獨力承擔起一切，讓科裡沒有壓力、自由發揮。他從不說教，卻永遠當大家的後盾，並且感染每個人去秉持著珍惜人事物的精神，這樣的身教，才是真正的傳科之寶。

第五章

行至更偏遠之處

臺東縣長濱鄉是位於臺灣東海岸的鄉鎮。為了來到長濱鄉，陳培榕搭著車，跟著慈濟志工們往海岸山脈裡前進，小小的產業道路蜿蜒崎嶇，沿路煙霧繚繞，雜草樹林叢生，一群人抵達了一處較大的腹地時，前面的狹路因車子無法通過，必須下來步行，陳培榕跟著慈濟的師兄姊下車繼續往前，走了一小段路，看見前方有一處簡陋破敗的房子，陳培榕還沒走近，就聞到一股難聞令人作嘔的氣味，那是一股濃濃的霉味，還混合著垃圾腐敗的惡臭。

「我一九八五年讀大學去南橫公路各部落服務的時候，那時候的南橫都還是石子路，沒鋪柏油。我搭客運進去，沿途是原住民部落，海端村就在臺九線公路旁，村裡漢人比

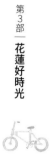

較多。再沿途進去就是新武、下馬、霧鹿、利稻等好幾個村落，利稻在最深山裡……」過去在原住民部落裡，陳培榕也曾看過這樣破落的情景，儘管後來原住民的福利獲得改善，但陳培榕的感受是，貧窮和疾病不分族群，不論原住民或漢人；臺灣還存在者很多的弱勢族群，依然需要我們伸出援手。

走進海岸山脈這個破敗小屋後，裡面有位長期臥床的老人家，因為子女外出工作，平常沒有人可以照顧他，臥床的部位有了很嚴重的褥瘡。

像這樣家人外出討生活，而被孤身丟在家裡、被疏於照顧的長者以及獨居者，根本沒有人可以依靠。因此在荒山野地裡的不同角落，住著許多多重慢性病、臥床的老人。他們可能是因為膝關節炎、中風或糖尿病等等原因無法下床。如果臥床久了，就可能產生褥瘡。而這群無法照顧好自己的病人家裡大多缺乏打掃、環境不衛生。所幸還有慈濟志工的關懷，陳培榕利用義診的時候前來往診，這是他覺得最能為這些病人提供實際幫助的時刻。

陳培榕說，在他印象中，小時候他家對面剛好就有一間診所，診所的醫師會直接來家裡為病人診斷。曾祖母腦溢血時，那時候就是醫師來到家中往診，沒有將她送醫院，後來她老人家就在家裡往生。

雖然陳培榕與慈濟志工往診時，目睹了許多病人所面臨的窘境，都是他在大學參加偏鄉服務隊時曾見過的，但是他年輕時心境比較愉快，沒有做太多觀察與連結；反而是自己當醫師之後，才發現很多病人因為貧苦或資源不足而陷入這種困境。又義診的地點大都是設置在鄉鎮的中心，但這類病人是沒有辦法自行來到義診現場的，因為光是病人能不能走出家門就是個問題。通常可以到現場看病接受義診的，大多是比較有病識感 8 或行動方便的民眾，但對真正生了重病的、需要做疾病篩檢的，或是生活在深山海邊沒有公共交通的地方、臥床的、沒有家屬照顧的、心情上走不出來的來說，往診就非常有必要了。

陳培榕很喜歡在義診時帶著慈大或慈科大的學生一起往診，他認為這是很好的機會教育，不僅可以直接幫助病人，在過程中，不論看到了什麼，每個人都會因為不同的養成背景和思考模式，而產生不同的體會。另一個讓他喜歡帶學生做往診的原因，是

8 所謂「病識感」也就是指病人接受與認識自己所罹患疾病的能力。

要讓學生們知道，不要覺得花東很偏遠，或是花蓮慈院已經位在最偏遠的地方了，「在我們所知的偏遠之外，永遠都會有更偏遠之處」。

或許正因如此，儘管陳培榕覺得義診的功效有限，但對於偏鄉或交通不便之處，義診依然是個可以主動靠近社區、照顧民眾與發掘疾病的一條途徑，所以如果時間允許，陳培榕都會參加。

花蓮慈院的義診起步比慈濟人醫會的成立時間還更早。一九九三年十一月，陳培榕在花蓮慈院參加了一場在花蓮光復鄉的義診，那是他擔任主治醫師後的第一次義診，當時來了很多拄著拐杖和坐著輪椅的病人；後來幾年，他一有空就會跟著花蓮慈院的義診團隊或慈濟人醫會一起出動，他也去過宜蘭縣的頭城及南方澳為漁工義診。漁工因為長年住在船屋裡，經常會感染包括疥瘡、香港腳、溼疹等皮膚疾病；陳培榕也曾參加綠島的義診，甚至在當地與二十年前診療過的病人相見歡。

二十多年前，一位來自臺東才二十歲的妙齡少女到花蓮慈院求診，陳培榕診斷這位少女罹患了鼻咽癌，經過治療之後，少女恢復了健康，之後她陸續幾年回診幾次，接著就斷了音訊。後來花蓮慈院的東區人醫會義診團隊在綠島義診時遇到了一位老婦人，後頸長了一個直徑近九公分的大腫瘤，她一揹這腫瘤就是三十年，經由人醫會的轉介下到慈院進行治療；腫瘤靠近脊椎的神經和肌肉，由陳培榕負責開刀剝離切除。終於和這顆頸後腫瘤分開，讓恢復健康和外表的阿嬤非常感謝。

陳培榕有一次趁著到綠島義診的機會，到綠島阿嬤家拜訪她，並詢問她之後恢復的狀況，沒想到意外發現，阿嬤的媳婦，就是二十年前到花蓮慈院找他治療鼻咽癌的少女。原來那位少女後來嫁到了綠島，因此比較不方便到臺灣回診了，現在少女已經結婚生子。看到病人們都能健健康康地自在生活，陳培榕感到滿足跟欣慰。

雖然在國外義診會看到更多臺灣不會遇到的疾病，但是在臺灣的義診，總是讓陳培榕印象更深和感動更多。陳培榕說：「我感覺最早期的時候，醫療資源真的是分佈不均，很多的疾病，當地沒有辦法處理。有些時候義診可以幫忙發現疾病，讓醫療單位趕快去介入處理。」雖然義診最受歡迎的是眼科和牙科，不過對陳培榕來說，義診雖然不能長時間的照顧到病人，但可以主動到偏鄉接觸病人，直接對病人進行衛生教育，其實不會完全沒有作用。甚至他也曾在長濱義診的時候，篩檢出一位口腔癌的病人，他慎重地請病人一定要到醫院治療，但最終，他仍沒有等到這位病人。

進行往診或義診的時間並不固定，有時候遇到重大災難，他也跟著慈濟志工一起前往災區。譬如八八風災發生後，他們便深入林邊的鄉鎮，去幫助更多困在裡面的人。義診不見得每次都能遇到相同的病人，所以為了讓這些住在偏遠的病人可以更輕鬆一點看病、讓醫療可以更加觸手可及，陳培榕會固定到玉里慈院看診，那裡至少是個照顧偏鄉居民的據點。他總是風雨無阻，準時抵達。

從宜蘭、花蓮、臺東到綠島，以及臺灣重大天災現場，都可以看到陳培榕義診及往診的身影。

上圖為陳培榕前往花蓮縣萬榮鄉義診，因老人家重聽，他靠近耳邊，親切叮嚀與說明。下圖為他至行動不便的病人家中往診。

圖／花蓮慈濟醫院提供

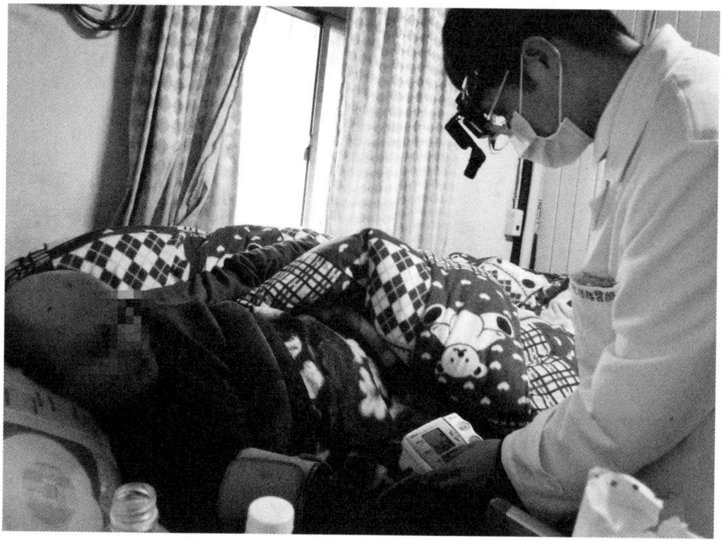

第六章

意外的旅程

十月十一日，適逢二〇二一年國慶日連假，雖然由於圓規颱風的外圍環流影響，帶來一陣陣忽強忽弱的陣雨，但醫師沒有休颱風假的權利，陳培榕還是一如往常，在清晨四點半左右起床，到醫院搭接駁車到花蓮火車站，再搭五點三十二分發車的區間車到玉里。從花蓮到玉里這一段路，每站都會停靠，所以各站的站名他都已經倒背如流。在火車上，他通常會看些醫學研究或報告，或閉目養神。大約經過一個半小時，車子會在七點零六分抵達玉里站，他便搭上玉里慈院的接駁車，七點十五分時就可以在院所開始看診。

但這天到了玉里車站，他左右張望，沒有看到來接他的車子，打電話到醫院，幾度忙線中。好不容易接通了，他一問之下，原來因為颱風關係，花蓮南區宣佈停止上班上課，醫院也一併停診，但因為聯絡上的失誤，陳培榕因此白跑了一趟。

既然已經到了玉里，在陣陣忽強忽弱的雨勢之中，陳培榕緩緩步行往玉里慈院走去，縱使帶傘身上也淋濕了，他依然氣定神閒。以前往返花蓮和玉里之間總是來去匆匆，由接駁車接送到火車站，只專注於到醫院看診，加上時間都很趕，在玉里看完病人幾乎就直接趕回花蓮進行臨床業務或會議，根本對這小鎮不熟。

這次颱風的失誤，反而讓他擁有意外的旅程，他經過了圓環，才知道原來玉里也有知名藥妝店寶雅駐點，而且是使用歷史建築改裝，走到橋頭想吃玉里麵，店家還沒開，這時候他才發現，自己來到玉里這麼多年，今天才有機會仔細地看一看這個小鎮。他走到醫院大廳，確認當天停診後，查詢了下一班回花蓮的火車班次，接著，他又自己走回玉里車站，這次他選擇與來時不同的另一條路，踏著雨水在陣雨中走回車站，等於把市區繞了一圈，才搭上回程的自強號，在十點半回到花蓮。在這歷時五小時的意外旅程後，陳培榕總算返回日常的軌道。

雖說回到日常的軌道，但原本陳培榕是兩個星期到玉里看診一次，當天原本要看診的病人若全部移轉到兩星期後，當天的門診量可能會負荷不了，也會影響當天病人原有的權益；再三考量之下，他決定在原本沒有看診的下一個星期增加診次，讓原本因停診而耽誤的病人可以看得到醫師。在鄉下可能有一些癌症追蹤、治療、眩暈以及過敏性鼻炎的患者，需在固定時間回診，所以原本當天在花蓮慈院所排的教學和手術，只能再改時間。

醫療、教學、行政的各種環節總是牽一髮而動全身，所以陳培榕笑說，醫師沒有放颱風假的心情，有時候放了可能後面還需要花更多的力氣收尾。儘管這樣到玉里看診，來回總要花很多時間，但陳培榕從玉里慈院開業的第一年，就一直持續看診到現在。儘管現在已經多了年輕的醫師可以支援，但為了很多老病人的方便和就醫的可近性，且醫師一個人移動比病人們移動更方便，陳培榕總不介意由自己來跑這一趟。

一九九三年，陳培榕到花蓮慈院服務。一九九九年，慈院接下玉里原鴻德醫院，設立玉里院區。因為醫師不多，陳培榕也開始到玉里慈院看診，也因此，很多從鴻德醫院留下來的老員工，都跟陳培榕很熟，包括現在看家醫科的楊行櫟醫師，也都是從鴻德醫院時期就留下來的老員工。

鄉下的病人都很早起床，陳培榕配合病人的習慣，隔週星期二一早，搭五點三十二分的火車從花蓮發車，七點十五分就可以開始看診，接著會一路看近八個小時的門診。直到下午三點結束，陳培榕會趕火車回到花蓮慈院，接續下來的行程。

儘管行程如此緊湊，但只要到門診現場掛號的民眾，陳培榕從不限掛。陳培榕習慣看診的前一天，先預覽隔天掛號的民眾，大概知道是哪些病人、有多少病人。為了抓準時間，網路掛號會限掛八十人，但是到了現場掛號，陳培榕則是無論有多少人掛號，他都照單全收。

「因為會有富里的、池上的、臺東的，還有很多海線的病人過來……」他設想這些病人可能多是老人，或是難得出門一趟來看病，說什麼也不應該拒絕病人。玉里的病人以癌症追蹤病人為主，口腔、鼻咽、口咽、下咽等各種癌症都有，有的病人需要定期更換管路等等。除了富里、關山和池上的病人以外，玉長公路開通之後，大大縮短了海岸與縱谷的距離，很多住在東海岸沿線豐濱鄉或長濱鄉的居民，因為經由玉長公路到玉里變得更近更方便，也都會到玉里求診，讓陳培榕的診次多了許多病人。

堅持二十二年的守護

另一個陳培榕堅持在玉里看診的原因，就是很多偏遠的居民，因為居住的環境以及缺乏照顧，容易造成感染，尤其是深頸部感染，會併發急性的敗血症，若能馬上處理後送至花蓮慈院治療，就能免於性命之虞。

人體的深頸部有一些腔室，如果免疫力差，例如糖尿病控制得不好，就容易發生深頸部感染，甚至經由牙齒，感染會一路往下蔓延到脖子。通常脖子一感染就會腫起來，造成呼吸困難，有時候甚至會併發中膈腔發炎或肺部發炎。百分之五十以上的深頸部感染都是免疫力差或糖尿病造成，很多甚至是獨居者，沒有人照顧。有些病人本身已經血壓很低，若脖子腫脹堵住不能進食，就必須緊急住院。

雖然臺東線靠近海岸線一帶，有衛福部部立醫院設立成功分院，但沒有很完善的急診功能，幸好關山慈院跟玉里慈院都有二十四小時的急診，若遇到急重症，醫師可以緊急處理趕快轉診。譬如外出血或內出血引發休克的話會造成缺氧，這也可以由急診趕快處理，輸血補血、輸液補溶液之後緊急後送。深頸部感染也會造成休克，包括糖尿病、器官移植、本身身體不好或接受類固醇治療的病人，都常見深頸部感染。

糖尿病人很多是死於其併發症，而深頸部感染是糖尿病易見的併發症之一，這類急症花東不少。鄉下地方因為醫療資源比較不足，人口不稠密，因此容易被忽略，陳培榕特別重視這些區域。他曾遇過在萬榮鄉獨居的長者得到下咽癌，長了一顆好大的腫瘤，被朋友發現才帶來就診，但就診時已經很嚴重了。如果在都市，因為人口密集，這類患者很容易被發現，但是地廣人稀的鄉間又獨居，常常就不會被發現，病人假如又沒有病識感，病況很容易會加重。

所以陳培榕認為，如果自己剛好在玉里慈院，那麼萬一有緊急狀況，他可以直接診斷、初步處置，就能及時挽救生命。譬如深頸部的感染，可以先處理再後送；有些癌症併發症的嚴重出血，只要陳培榕能力所及，就可及時挽回病人寶貴的生命。也因為這樣，他覺得自己在花蓮和玉里之間奔波的這二十二年並沒有白費，不但挽救了無數病人的生命，甚至也撫平了那沉眠在他心裡多年的創傷，讓這份遺憾獲得救贖。

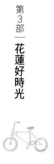

第七章

遺憾的救贖

在治療頭頸癌這方面，陳培榕深入鑽研多年，除了口腔癌之外，鼻咽癌也是他專長治療的癌症。二十多年前一位在國中任教的葉老師，在青壯年的時候發現鼻咽癌，他是陳培榕第一個鼻咽癌的病人。葉老師在完成約兩個月、共四十次療程後，一直沒有復發，現在已近八十高齡還很健康，更是慈濟的老委員，讓陳培榕相當安慰。

曾和陳培榕一起在馬祖幹訓班受訓的一位軍旅同袍，也在他協助診斷出鼻咽癌後順利就醫痊癒。這同袍是位銀行經理，曾派駐上海，在上海時覺得眼睛有複視 9 現象，去外國醫院就診但無診斷。儘管上海的外國醫院林立，但鼻咽癌這種華人常罹患的癌症，外國的醫師並不太熟悉。後來這位銀行經理回到臺灣就醫，因為複視找了一家北部醫院的眼科治療。有一天，他打電話給陳培榕，說他向右看有複視並有鼻涕倒流狀況。陳培榕意識到有問題，馬上請同袍到花蓮來讓他診斷。鼻咽癌最常見的症狀就是頸部轉移，這位銀行經理除了複視，脖子靠近下巴處也有一個小腫塊，陳培榕當天立即幫自己這位軍中同袍切片檢查，結果證實是鼻咽癌，並且已經是第四期了。因為該病人住在臺北，在北部治療更方便，陳培榕就近介紹認識的醫師為他進行放射治療與化療，後來這位病人痊癒，十幾年來無復發現象。

根據衛福部的統計，鼻咽癌的男女比例大概是三比一，屬於較不需要開刀的頭頸癌，治療以放射治療和化學治療為主。若能早期發現，完成該做的療程，預後都相當不錯，如果能在治療後五年的追蹤期間內沒有再復發，通常就沒有問題，可視為治癒。比如那位二十歲就從臺東到花蓮找陳培榕治療的少女，就是因為陳培榕妥善的治療而痊癒，後來更嫁到綠島，二十年來沒有復發，婆媳都是陳培榕的病人。

鼻咽癌的危險因子跟族群基因有關，特別好發於客家人和廣東人。廣東人的比例可達

9 所謂「複視」也就是把一個東西看成兩個的視覺症狀。

十萬分之五十到六十，所以又有「廣東癌」的別稱。到東部行醫之後，陳培榕發現有幾支原住民族群的鼻咽癌發生率也比較高，包括布農族、排灣族和魯凱族，其中尤以布農族特別高。臺東縣、花蓮縣的萬榮及卓溪鄉都有布農族居住，陳培榕對此現象相當注意且認為值得研究，所以在玉里慈院的診間，只要碰上客家和原住民族群，他也會特別細心地為他們進行頭頸部檢查。

玉里慈院成立的第二年，陳培榕一樣維持每個星期二都到玉里支援看診的習慣，某個星期二早上十點左右，玉里榮民醫院轉來一位五十二歲的布農族男性，口鼻不斷地流出鮮血及血塊。這位病人在六年前曾因罹患鼻咽癌在花蓮慈院接受放射及化學治療，陳培榕即是他的主治醫師。

陳培榕看到一整個塑膠袋的鮮血，還有病人擰住塞著紗布的鼻子，嘴巴仍不時吐出血來的樣子，正與多年前他在馬祖服役時，那位馬祖女婿與太太回馬祖掃墓時，因為鼻咽癌放射性骨壞死大量出血的病人，拿著一塑膠袋的鮮血、嘴裡也不時吐出血塊的樣子如出一轍。當時的畫面閃過陳培榕腦中，雖然地點不同，時間不同，但景象卻是如此熟悉；陳培榕緩一緩情緒，清楚知道：「此刻只有我有機會救活他，不能再猶豫不決，不能再錯過緊急處理的機會了！」

陳培榕迅速地請護理師請診間外候診的病人稍做等待，並請隔壁診的護理師協助病人坐上治療椅。陳培榕此時尚可感受到病人脈搏，只是跳動稍快，他取掉原本塞住病人鼻子的紗布，檢查後判斷應為偏右側鼻咽部出血；他立即請護理人員準備了凡士林紗布、一條十二號的Foley（導尿管），並準備手術刀、止血鉗（Kelly）及六號氣管內管（endo）以備不時之需。

陳培榕穩住情緒，先在Foley離氣囊近端約八公分處做記號，再將它置入鼻腔後，確認氣囊已全通過鼻腔，立即打七西西水至氣囊，拉出Foley讓氣囊卡住後鼻孔並觀察，此時口咽仍有滲血現象，再持續打水，直到流血停止。他請護理師持續拉住Foley，用凡士林紗布做前鼻部填塞後，最後再使用臍帶夾夾住Foley管近前鼻孔開口處。

血終於止住了！所有程序在十分鐘內完成，陳培榕在心裡大喘了一口氣。他請病人到急診休息一下，二十分鐘後沒有繼續出血，就盡快轉送花蓮慈院住院。病人後來在花蓮做完血管栓塞後止血，平安出院。

在距離那次事件之後的十一年，在玉里這個偏遠小鎮成功地救治了同樣因鼻咽癌化療而大出血的病人，似乎讓他在馬祖當醫官時期，親眼看著病人在面前死亡的遺憾，有了彌補的機會。

當時馬祖事件發生後，陳培榕未曾向任何人透漏過，甚至是他最親密的人也未曾提起。他的內心總被失敗感和罪惡感所糾纏。有一次，他鼓起勇氣把這個塵封許久的往事告訴了太太，太太當時的感受並沒有很深刻。陳培榕可以理解，因為他並沒有詳細跟太太說明自己的心境變化與感受。但回首那些年的煎熬如魑魅纏身、縈繞不去，尤其是病人瀕死無助的那一幕總是歷歷在目，讓他時生夢魘。而一切的遺憾，就在玉里慈院成立後的那一個星期二，讓他有機會得以彌補。十一年來煎熬著他的那份遺憾，就在那病人獲救的瞬間得以釋懷，也為他帶了一絲成就感與救贖感。

對許多人來說，這天或許只是普通的一天，對陳培榕來說卻意義非凡。

第4部

飄洋過海獲新生

國際慈濟人醫會（Tzuchi International Medical Association，簡稱 TIMA）於一九九六年成立，全球有四十個服務據點。萬一發生緊急重大事件時，慈濟在世界各地的志工便會進行跨國支援。不只平時依各地特性做義診、往診及居家關懷，慈濟志工平常即會在居住地訪查貧苦，若有發現特殊的個案需要幫助，則會由當地醫療志工評估，或請臺灣協助治療。

在治療海外個案的過程中，陳培榕遇到了很多困難的個案，讓他感受到不同國家病人的心情和面對疾病的方式，也感受到他們的辛苦與韌性；治療結果有失敗也有成功，他多次協助病人去除頭頸部的腫瘤甚至變臉，讓醫療除了拯救生命之外，更是重建他們的自信和人生。

第一章

河馬男孩諾文狄

一九九八年出生的諾文狄居住在印尼巴淡島，他不到一歲就發病，二〇〇二年十月國際慈濟人醫會在巴淡島舉辦義診前一天，爸爸帶著他來找志工洽詢，卻陰錯陽差地直到二〇〇三年底，新加坡慈濟志工又赴巴淡島時，才再次與諾文狄相遇。他的病歷經花蓮慈院評估後，讓五歲的諾文狄與父親終於圓夢，飄洋過海來到臺灣就醫。

諾文狄罹患了罕見的巨大型齒堊質瘤，他家境貧窮，居住的島上也缺乏醫療資源，在沒錢接受治療的窘境下，他身上的腫瘤日漸變大，除了臉部因腫瘤破碎之外，嘴部與舌頭開始腫大，牙齦也一併外露，最後腫大的臉部，讓眼睛與鼻子甚至被腫瘤擠得只剩下四個小洞。諾文狄的鼻孔不時流出血水，發出難聞的氣味，腫瘤的痛楚，加上呼吸隨時可能被還在繼續長大的腫瘤阻斷，讓這個小男孩快要不能支撐。諾文狄的爸爸布瑞金（P. Baringin Jaya Siahaan）帶著他四處求醫，訪高人、尋偏方，腫瘤卻愈來愈大，影響視力、呼吸及吞嚥，直到遇見慈濟志工，諾文狄的生命和健康才露出一線生機。

二〇〇四年底，諾文狄在父親與新加坡慈濟志工的陪同下抵達花蓮慈院，因為是頭頸部腫瘤，便由耳鼻喉科主任同時擔任主治醫師的陳培榕收治。

諾文狄罹患的巨大型齒堊質瘤，是全世界只有幾例的超罕見疾病，雖是良性，卻因為不斷增生，導致外觀變形嚴重。而這種良性腫瘤會一直到孩子的成長期結束，才會停止增生，也就是說，五歲的諾文狄還必須與腫瘤至少共處十年以上，但可能在成長中壓迫呼吸道而活不過六歲。

陳培榕說，諾文狄的腫瘤，都是從嘴裡的牙本質長出來，牙本質就是胚胎時原始長牙齒的細胞，照道理應該要長成牙釉質，然後再長成牙齒，但是諾文狄沒有長牙齒，而是整個臉部骨頭都充滿了齒堊質瘤，讓他的呼吸道都受到影響。

花蓮慈院結合耳鼻喉科和小兒、整形、麻醉、影像等醫療團隊為諾文狄手術，因為諾文狄的上顎骨和下顎骨以及嘴部都是腫瘤，無法直接從口部或鼻部插管，所以手術前還先為他做氣切，保持氧氣供應。

腫瘤的治療過程分為三階段，每個階段相隔數週，讓諾文狄慢慢恢復。三個半月之內，醫療團隊為他動了五次手術，整個腫瘤逐步摘除，經過重建手術，終究讓他找回一張完整的臉。開完刀諾文狄恢復得相當不錯，臉上一公斤的腫瘤不見了，眼睛看得見、嘴巴可進食，雙腳經過復健也能慢慢行走、還能手舞足蹈，他的生活基本功能都恢復了。Discovery頻道的製作團隊聽聞這個故事，專程來到花蓮慈院拍攝「河馬男孩諾文狄」的紀錄片，紀錄諾文狄就醫的過程，影片播出後，世界各地觀眾也捎來對諾文狄的祝福。

手術後三個半月，諾文狄回到家鄉，村頭村尾約一百多名村民幾乎全聚在一起唱著歡迎歌，一路簇擁著諾文狄一家人回家，村民們不敢相信，諾文狄臉上的腫瘤居然消失了。

但回家過了半年，諾文狄的腫瘤又再度增生，二〇〇五年七月，諾文狄在新加坡志工陪同下回到花蓮慈院。醫療團隊發現他的腫瘤確實增大，醫療團隊也擔心頻繁切割腫瘤，會造成皮膚沾黏、顏面動脈受損、容易感染等風險；家屬也難以決定是否再繼續接受手術，在諾文狄返回印尼前，陳培榕曾強烈建議為諾文狄做一個氣切造口，以避免將來若腫瘤增生會壓迫呼吸道，但諾文狄的父親認為當地的環境不容易照顧氣切，最後沒有採行這項建議。

二〇〇五年九月，諾文狄因為腫瘤增生阻塞呼吸道，在睡夢中過世。

陳培榕說，雖然諾文狄是耳鼻喉科第一個海外醫療個案，加上他年紀小，治療前後外貌改變很大，獲得很多媒體的注目，「但是我並不開心，因為我知道最終他還是會死亡。」陳培榕認為，若諾文狄可以戴著氣切管，維持好呼吸道，撐過生長期時腫瘤的增生，再逐一將腫瘤摘除，是不是會更好？雖然各種醫療方式執行後的結果很難確認，但他真的非常希望諾文狄可以撐到長大成人，那麼他的人生或許還會有更多可能性，相信這也是諾文狄與他的家人的夢想。

那幾年，許多海外病人在當地慈濟志工的牽引下，經過評估來到花蓮慈院接受治療。二〇〇四年，罹患纖維性骨增生異常（Fibrous Dysplasia, FD）疾病導致右眼突出的印尼病人蘇霏安也到花蓮慈院治療，巨大腫瘤分布在他的右側顱內、鼻腔、眼窩，導致右側臉部外觀變形；此次治療由陳培榕擔任醫療計畫主持人，林欣榮院長則親自帶領耳鼻喉科、神經外科、整形外科、眼科等團隊。由於蘇霏安的腫瘤也是會持續增生，所以這次團隊以八年的時間陪著蘇霏安，陸續進行三次手術的修整，陪著蘇霏安終於變臉成功，如今看到蘇霏安成家立業，更有正當工作回饋社會，也讓醫療團隊感到開心與安慰！

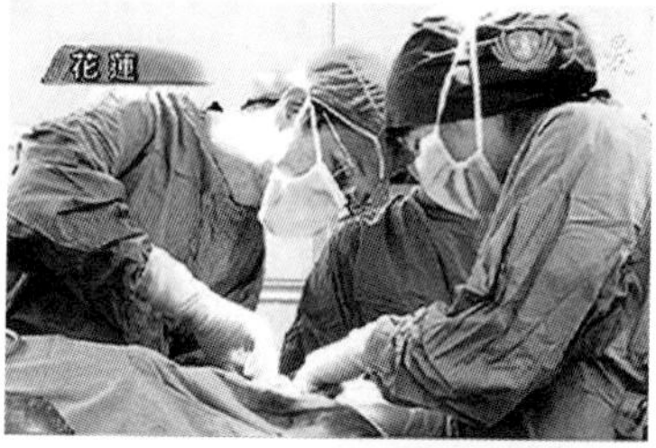

2012 年 10 月，陳培榕帶領醫療團隊跨科合作為印尼男孩蘇霏安進行第 3 次手術，手術長達 8 小時（上圖／取材自大愛電視台），術後恢復良好的蘇霏安自彈自唱中文歌曲「一家人」，感謝醫療團隊的救治（下圖／花蓮慈院提供）。

如今（2022 年）35 歲的蘇霏安早已從大學畢業，也有了妻子和女兒，去年他在印尼金卡蓮慈濟大愛一村，創辦專為視障人士授課的電腦課程補習班，命名為「希望之燈」，期待能將自己所學和經驗，協助視障人士學習技能。

第二章

勇敢媽媽變臉記

住在馬來西亞的年輕媽媽琳琳（化名），在二〇一八年到花蓮慈院就診。五年前正直青春年華的琳琳，卻因為臉部不斷冒出的腫瘤所苦。她為了治病，在當地醫院接受四次的腫瘤切除手術與放射線治療後，沒想到隔年又再度復發，讓她心力交瘁，琳琳的媽媽表示，當地醫生說「不能治了」，而且若要手術摘除腫瘤就會影響左眼視力，讓琳琳對治療失去了信心。

原來在第二次發病時，琳琳臉上的腫瘤如吹氣球般，大小不一的腫瘤分布在左臉、左額還覆蓋住左眼，腫瘤延伸至右眼頭，腫瘤越長越大、越長越多，好幾顆如拳頭大，最大者壯碩如壘球般甚至垂在下巴外，還會時不時地滲血。腫瘤幾乎吞食了她整張臉，其重量也幾乎讓她抬不起頭，導致身體越來越虛弱，無法走路，外觀的改變也讓她自卑不敢出門，有時候為了要接送女兒上下學，她必須用布遮著臉才敢出門。

當時的琳琳直言「我看不到希望！」，在馬來西亞當地慈濟志工的協助和勸說下，她懷抱著「想陪伴女兒長大」的心願，終於再次鼓起勇氣跨海來到花蓮慈院求醫。

二〇一八年十二月二十四日，琳琳抵達花蓮慈院求醫，醫療團隊隨即安排琳琳X光及電腦斷層掃描（CT）、全身正子電腦斷層造影（PET/ CT），檢查臉上腫瘤的血管分布及惡性腫瘤是否有轉移的情形。

陳培榕說，最初海外慈濟人傳來琳琳的照片時，他確實嚇了一跳，直覺醫治有其困難度。以琳琳腫瘤的巨大程度以及它和顏面骨頭肌肉、血管神經相連的狀況，臺灣醫界要進行這種手術，有把握的真的不多；但是只要有機會，他就會想試試看，幫病人解決問題。當實際看到琳琳本人時，陳培榕幾乎看不到她的五官，她整張臉都是肉瘤。腫瘤吃掉了整個左眼皮，右眼幾乎被遮住，鼻子也被推到旁邊，口腔已經變形，進食一定相當困難。看到如此情形，陳培榕更是覺得不捨，想著她這樣要怎麼生活，要怎樣以這副模樣出門去接女兒。其實外表用口罩根本遮掩不了腫瘤，而且垂在最左側下面的肉瘤，因為血液供應不足，已經壞死發臭，肉瘤裡都是一隻一隻白色蠕動的蛆。

整形暨重建外科主任李俊達指出琳琳的右鼻軟骨已經被腫瘤侵蝕，而那個巨大且局部已經壞死的大腫瘤，感染指數高，必須立即治療，若是再晚一點治療的話，可能因為感染嚴重導致敗血症而危及生命。陳培榕的想法則是，就算沒有辦法痊癒，也要讓她有品質地生活下去才可以。

林欣榮院長召集耳鼻喉科、整形暨重建外科、眼科、麻醉部、護理部等醫護團隊共同制定醫療計畫，為琳琳進行腫瘤移除及皮瓣重建等手術。

陳培榕表示，這是比較罕見的癌症，原因不明，文獻上沒有看過這麼大顆的臉部腫瘤，還好腫瘤只侷限在皮膚及皮下組織，癌細胞並未轉移到顏面骨頭。術中較困難的部分是巨大腫瘤出血狀況很難控制，需先移除最下方連著脖子的腫瘤。他設計出一套新的手術方法，就是使用血管帶束縛外頸動脈減少出血量。頸部大動脈分為內頸動脈與外頸動脈，內頸動脈是提供腦部血液，只要超過十分鐘腦部就會缺氧壞死；外頸動脈主要供應肌肉、骨骼、皮膚的血液，缺血兩、三個小時還無妨。

儘管這種方式以前就有人使用過，但陳培榕覺得這是個好方法。只要將血管帶稍微束縛，讓血流少一點。雖然直接將血管弄斷，進行結紮要更為簡單，血管旁邊也會有側枝循環慢慢地將血液流過來供給，但陳培榕覺得應該為病人保留血管，雖然作法比較麻煩，但是對病人較好。

陳培榕先動手術為琳琳割除腫瘤，但在進行外頸動脈束縛前，下巴左下方那一大塊幾乎壞死的腫瘤遮蓋住了脖子，必須先設法去除。

陳培榕一動刀，肉瘤就開始出血不止。肉瘤裡充滿血管，一碰到就不斷流出血液。外科手術中，要將腫瘤跟正常組織小心地剝離，骨膜是個很好的切面，若能找到骨膜的下緣切面，就可以順利地將腫瘤剝離。但過程中如果切面不對，加上腫瘤常常與其他組織糾結在一起，或是剝離面不清晰，就容易出血，一旦出血，切面就會不完整、視野也會不清楚，更增加難度。

陳培榕耐住性子，手術進行的第一個小時，他先小心地把這塊最大的腫瘤割除，之後用血管帶先把外頸動脈束縛住。前一個小時，病人就失血 700 cc，等到處理好外頸動脈束縛住，接下來幾個鐘頭的手術，失血總量僅只有 200 ～ 300 cc。

束縛好動脈血管，陳培榕就可以較有餘裕地進行手術，因為皮膚和肌肉都被腫瘤侵犯了，惡性腫瘤要清除得乾淨，就必須要有比腫瘤範圍還要再大一點的切除安全範圍，所以幾乎將琳琳整張臉的皮膚都拿掉了。但重要的器官，譬如眼睛的部份，必須要小心避開避免傷害。鼻子盡量在可以拿得乾淨的範圍裡，鼻翼的部份也盡量保留住。由於琳琳的左眼被腫瘤侵蝕得頗嚴重，陳培榕原本擔心眼睛附近清除得不夠乾淨，與眼科討論可能要犧牲一隻眼睛，但陳培榕還是希望盡量幫她保留下來，陳培榕說，為病人取下眼睛對醫師不是很困難的手術，但是對病人的傷害卻很大！而眼眶附近組織較細緻，脂肪多，要與腫瘤剝離難度增加，因此必須憑經驗和耐心來處理，不能急。經過五個小時手術，陳培榕總共為琳琳除去兩公斤的腫瘤，陳培榕說，這種腫瘤要切除得很乾淨不是那麼容易，之前在當地醫院只是部份切除，但是很快又長出來了。

接著，整形外科李俊達醫師接手，他先處理好傷口，再取下大腿的皮膚，移植到琳琳的臉上，並幫琳琳重建眼瞼，整形外科又做了十幾個小時的手術，終於幫琳琳變臉成功。

住院三個月期間，後續的修補，琳琳總共經歷了七次手術，臉部越來越平順自然，最後終於可以帶著嶄新的面容回家，「很感謝花蓮慈院的醫療團隊、我的家人、馬來西亞家鄉的愛心人士、慈濟志工，以及所有幫助過我的人，我變了一張臉，也獲得重生。」陳培榕認為，耳鼻喉科的任務是搶救生命，整形外科則是為病人重建人生與自信。

琳琳回到家鄉之後，經過了幾年，目前仍維持得很好，而她的外型也變得年輕漂亮，不久前陳培榕收到她寄來的照片，已經跟從前判若兩人，成為一個美麗又充滿自信的女孩。看著照片裡那個美麗的笑容，陳培榕忍不住微笑起來，由衷地為她感到高興！

第三章

深不可測的上頷竇癌

二〇一八年七月二十三日，寮國東南部阿速坡省（Attapeu）一座興建中的水壩坍塌潰堤，蓄水傾瀉影響下游多個村莊，造成六千多人受災，一千多人失蹤。慈濟基金會組成勘災團隊，到當地評估並展開慈善發放工作，隔年二〇一九年八月慈濟於寮國百霜舉辦首次大型義診，意外發現因為鼻竇癌而顏面變形的板太太。

五十二歲的板太太是一位純樸的農家婦女，育有八個小孩、十二個孫子，但住家偏遠，一旦生病想就醫，就必須得翻山越嶺，經濟上也負擔不起。所以她不舒服時，總習慣默默地忍耐，直到病了好幾個月，臉上的腫瘤大到影響到呼吸，她才到當地醫院檢查。二〇一九年五月，她被診斷出罹患鼻竇癌，並接受內視鏡手術，取出部分腫瘤。沒想到術後三個月，腫瘤不但沒消失，反而快速增生，眼睛和鼻子也被擠壓變形，影響了板太太的左眼視力，還造成她不時感到頭痛。

當板太太苦惱著不知道怎麼辦時，幸運地遇到慈濟人醫會在寮國百霜醫院辦義診，人醫會的醫師一看到板太太的病況，便請慈濟基金會副執行長劉濟雨協助聯繫當地衛生單位，讓板太太到大型醫院接受磁振造影檢查並取得檢驗結果，帶回花蓮評估。

二〇一九年十月底，慈濟基金會歷經周折，順利將板太太接到花蓮慈院接受治療，由陳培榕擔任主治醫師。板太太馬上接受電腦斷層與正子攝影等相關檢查，無奈腫瘤實在太大，比她在義診時接受的檢查時又嚴重不少。不僅堵住鼻腔，甚至侵蝕了鼻中膈，導致對側鼻腔也受到擠壓，造成雙側鼻塞，鼻孔不時化膿、流出血水，散發出難聞的味道。

「鼻竇癌的上頷竇癌是比較少見的一種頭頸癌，一般是鱗狀細胞癌，板太太是屬於神經內分泌癌，尤其是在頭頸癌之中比率不到百分之五。」陳培榕從病理切片檢查結果發現，板太太的組織細胞型態是較罕見的神經內分泌癌，腫瘤不僅位置非常深且涵蓋範圍很大，包括腦部顱底、腦膜、雙側鼻腔、左上頷竇及左眼窩內側等重要部位，並有持續向上生長進入顱內壓迫腦部的狀況，外觀也因腫瘤將眼睛和鼻子擠壓變形，如果貿然作移除腫瘤手術，對病人來說風險相對更高。

陳培榕主持醫療團隊會議，由包括他所主治的耳鼻喉科、加上血液腫瘤科、整形暨重建外科、眼科、影像醫學部、放射腫瘤科、護理部等團隊討論相關的診治事宜，由於癌症期數已到了第四期，腫瘤細胞已深入顱骨，有部分甚至進入顱內，但陳培榕認為，那怕只有一絲希望，醫療團隊都要盡最大的努力！

與血液腫瘤科主任王佐輔討論後，他們決定先進行引導式化療，把腫瘤縮小，進而能達到開刀及輔助性的放射治療，再作後續評估。陳培榕說：「主要是希望在治療過程中減輕病人可能遭受的痛苦，再想辦法提升最佳的治療效果與品質之外，團隊不斷思索解決之道，板太太才五十三歲，應該可以再『拚』一下！」幸運的是，板太太的個性敦厚純樸而且樂觀，即使知道快速蔓延的腫瘤，讓她暫時無法接受手術，仍總能帶著微笑堅強面對化療。開朗的她不但沒被病痛擊倒，反而更加勇敢。

在第一次引導式化療後，腫瘤明顯小了很多，讓陳培榕與醫療團隊更有信心。經過一個半月間共三次的引導式化療，板太太不但沒有出現嚴重的副作用，而且腫瘤明顯縮小了約五公分，壓迫顱底、鼻腔和眼睛的狀況也獲得改善。

二〇二〇年一月二十二日，耳鼻喉科、神經外科與整形外科團隊接力為板太太移除腫瘤與重建，先由耳鼻喉科團隊的陳培榕與楊妙君醫師聯手為板太太移除腫瘤。

陳培榕一樣以外頸動脈束縛這個技術來克服出血問題。「外頸動脈是將血流帶到顏面及鼻子的主要血管，為了避免術中的出血量過多，所以使用『血管帶』束縛外頸動脈這種新技術，不把外頸動脈綁死、只是束緊一點，可以減少約五百到七百西西的出血量，並提升手術的視野，讓腫瘤的邊緣看得更清楚，就能將腫瘤切得愈乾淨。」

跟馬來西亞的琳琳不同的是，琳琳雖然臉部表面遍布惡性腫瘤，但都屬於比較表層，且不會蔓延至其他地方。板太太的手術困難之處在於腫瘤有一部份埋得比較深，靠近顱底，容易出血。聲部、下顳窩的血管神經密布，雖然外表看起來沒有琳琳嚴重，但是手術的困難度其實更高，算是頭頸部手術中最困難的術式之一。

板太太必須進行全上頷竇切除，這手術比較容易出血，還要做晚期癌症的頸部淋巴廓清術。術中必須注意出血問題，以及整個顱顏神經的保留。陳培榕的第一刀從鼻翼的側面、眼瞼下和嘴唇邊切開，將整個臉部翻過去，鋸開顏面骨，就可以開始慢慢剝離和清除腫瘤。皮膚切開的時候會出血，要將外頸動脈稍微束縛住，還有眼睛的保護也很重要，清除腫瘤的過程中，要隨時注意神經的走向，必須非常小心。板太太的眼睛也受到腫瘤侵犯，也許只能去除之後裝上義眼，但能不能為病人保留眼睛，陳培榕非常重視這一點。

手術室裡，耳鼻喉科、神經外科、整形暨重建外科、麻醉科與手術室護理人員等已累積多次合作經驗。由於臉部肌肉、神經與血管構造相當複雜，耳鼻喉科取出腫瘤後，再來就需要請神經外科團隊協助，將顱底腫瘤清除乾淨。重建復位的工作由整形暨重建外科李俊達主任與吳孟熹醫師接手，整個手術歷經約十四個小時完成。

細數近十幾年來，花蓮慈院大約完成近十例的顏面巨大腫瘤個案，經驗相當豐富，其中包含馬來西亞的惡性腫瘤「皮膚纖維肉瘤」患者與菲律賓的「牙骨質纖維瘤」患者都採用了一樣的技術。無論是腫瘤移除與顏面重建整形，病人的預後都相當好。

手術之後，板太太經過一個月的定期回診與評估後，醫療團隊接著為板太太啟動另一次療程，板太太總共完成三十三次放射治療及兩次化療，恢復情況穩定，順利於四月底出院。

治療期間雖然受到新冠肺炎（Covid-19）疫情影響，板太太一時無法返鄉，但經志工的陪伴與協助，解封後她終於回到寮國和家人團聚。臨行前，板太太露出難得的笑容說：「臉上沒有腫瘤，我終於可以大口呼吸、吃飯了。」對一般人來說再正常不過的事，對板太太而言，卻曾是遙不可及的夢想。對陳培榕來說，病人能夠恢復正常生活，健康快樂地活著，就是對於身為醫者的他最大、最珍貴的回饋。

第5部

無私醫者心

如果喜歡花，就去當園丁。做自己喜歡的事時，沒有恐懼，沒有比較，也沒有野心，只有愛。

——印度思想家，克里希那穆提（Jiddu Krishnamurti）

在兩週一次的頭頸癌整合治療團隊（簡稱整治團隊）會議，配合八點後要正式上班，總是在晨間的七點就準時開始，所有參加者都必須起個大早。在這由周昱甫與陳培榕共同主持的跨科整合會議中，大家會熱烈討論某位病人的癌症分期判斷；這兩週裡，各科頭頸癌相關的主治醫師收到哪些特別案例，在治療上遭遇了什麼問題，為什麼會發生併發症，治療中或治療後病人過世，到底是什麼原因，都需要提出由各科深度討論與分析——集結眾人之力解決問題，達成定論與共識，是會議的目的。

這樣的團隊會議，每隔兩週的週四便會進行一次，二十幾年來未曾間斷，不但是整個團隊意志力的展現，在癌症治療上，也適時承擔起帶頭的作用，成為東部癌症治療往前推進的動力。

有鑑於一九八一年之後，惡性腫瘤已經躍居全臺十大死因第一位，並且年年位居榜首，癌症治療持續成為醫療技術發展的重點。花蓮慈院的所有科別裡，就以耳鼻喉科的頭頸癌病人最多，尤其是花東的頭頸癌病人，大多數都選擇到花蓮慈院就診。當時的張耀仁副院長認為，雖然頭頸癌在惡性腫瘤裡的發生率不是最高，但耳鼻喉科治療的病人卻最多，表示花蓮慈院在頭頸癌的醫療照護品質方面有著不錯的口碑，促使花東頭頸癌病人大多決定留在花蓮慈院接受治療，甚至有段時間，到放射腫瘤科接受治療的癌症病人，有快七成都是耳鼻喉科的病人，因此癌症整合治療團隊當中，耳鼻喉科最有能力先行。

因此，早於衛生福利部國民健康署於二〇〇八年開始實施「癌症診療品質認證」之前，花蓮慈院於一九九八年就率先成立東部第一個癌症跨科整合治療團隊（tumor board），也就是由陳培榕擔任召集人的「頭頸癌診治團隊」。團隊以耳鼻喉科、放射腫瘤科、血液腫瘤科、整形外科、牙科為核心，另外包括病房團隊、護理師、復健師等工作人員。

以往，每位醫師接到病人後，通常按照自己的想法來治療病人，運氣好的話，在沒有遇到任何困難的情況下，醫師順利診治病人。但如果不順利，治療過程可能就會發生兩種問題。其一是系統性的問題——代表整個治療流程中，萬一某個環節沒有設計好，這個問題可能就會不斷發生。若經過檢討、加以改善後，譬如調整SOP（標準作業流程）或其他建設性作法，系統性問題就可以獲得改善；其二就是「人」的問題，因為涉及主觀、意志和個性，沒有辦法標準化；但以整合治療團隊的方式運作，就能進行團隊合作，彼此討論、互相提出意見和看法，減少失誤、優化治療方式。「整治團隊變成開放大家討論的一個平臺，讓醫療不再是各做各的。一方面可以約束醫師，檢視醫師有沒有根據診治指引進行治療，另一方面每位成員若個人遇到任何問題或困難都可以提出來，讓其他人可以提出建議或伸出援手。」陳培榕說：「一定要有討論與交流，才會激盪出火花，也才會產生共識和默契，如此才能針對病人的需求找出為其量身訂製的療法，不再是個人，而是讓整支團隊去治療病人。」

要經營團隊，最重要的就是「人事」。團隊成員溫羽軒強調，「其他都好辦，『管人』最難！」把所有團隊成員全部「箍」在一起是非常非常困難的事。其實主治醫師們都會有自己的想法，醫師間難免會有小摩擦，不論在任何團隊或科裡皆是如此。溫羽軒說：「多年來，陳副院長不管遇到哪些大小事，都會想辦法先把事情的來龍去脈弄清楚，這需要花時間，跟一般主管作法不太一樣。他會私下想辦法把摩擦在不傷和氣的情況下排解掉，讓大家不會心裡留下疙瘩。」

癌症整治團隊集結眾人之力來照顧病人，讓醫療新人能得到更多幫助，學到資深醫師的經驗，這就是醫療傳承。此舉也讓資深的醫療人員能得到新的激盪，並吸收各方新知。所有可能遇到的瓶頸和困難，都能透過集體的專業彙整來找出解決之道，也能汲取彼此的智慧和截長補短，共同成長。

一九九八年起，「頭頸癌整治團隊」成為花蓮慈院多科整合醫療團隊的先驅，直到現在，幾乎各科的癌症治療都以團隊合作的方式，善用證據醫學數據來為病人謀得最有品質的治療與照護。無私的醫者心，讓醫療技術在人心、仁心之間踏實向前邁進，也拉近日漸淡漠的醫病關係。

第一章

他與他的病人們

平常話不多，看診風格平實不花俏的陳培榕，很受到病人歡迎。他斯文穩重的氣質，一口流利的閩南語，加上親民的個性，不像一般人心中的醫生總是高高在上讓人望之生畏，他很快就縮短了醫病之間的距離；長輩看他像兒子，較年輕的族群覺得他像父執輩或大哥，親和的作風加上有口碑的醫療專業，讓他深受病人和家屬的信賴，他「疼愛」病人的作風眾所皆知，還留下許多溫馨和有趣的故事。

陳培榕指導過的住院醫師曾經這樣形容自己的老師：「老師在看診或跟病人對話時，總是全心全意，非常專注，這個時候不論有再急再重要的事，都沒辦法打斷他，因為他完全聽不到。」

在住院醫師時期跟過陳培榕的診，成為主治醫師之後，診間又排在陳培榕隔壁的周昱甫醫師認為，老師很有史懷哲 1 醫師的情操，是人文情懷非常濃的醫師。

「老師很注重跟病人的感情，很多都是看了二、三十年的老病人了，所以他門診時會出現『一團混亂』的狀況，就是因為這樣……」周昱甫笑說，陳培榕門診會有常見的「奇景」就是——「陳副（院長）有很多老病人，每個都說我要先看，他們知道陳副的個性是『如果看到病人們，就會笑笑揮手叫他們進去』，所以大家就都會故意站在診間門口想要讓他看到，這種情況讓跟診護理師都快瘋掉了！因為每次診間的門一打開，就會看到一堆人擠在門縫邊，比賽看誰先被陳副看到，誰就先贏，你不覺得陳副很可愛嗎？」

門診之外，陳培榕也會另外幫忙有突發狀況的病人。譬如有時候病人需要換氣切管、鼻胃管，或一定要吃的藥弄丟了，病人打電話找他，就算不在門診時間內，他照樣幫病人單獨開特別診處理。「他們都不是什麼達官貴人，但他就是會幫病人解決急需處理的問題。」溫羽軒經常目睹老師不管有多忙碌，還是願意幫病人一把。「以醫生來說，

1 史懷哲（Albert Schweitzer）是位德裔醫師與神學家，長年於非洲傳教與行醫，並且在當地建立醫院，因其奉獻精神曾獲一九五二年的諾貝爾和平獎。

他真的是一個很令人尊敬的前輩，不論大小事情，只要你去找他，他都會幫你解決。」溫羽軒用非常敬佩的口吻描述他眼中的這位良師。

陳培榕也常會在路上「撿」到病人或家屬，就算不是自己的病人，只要是自己能力可及，他都會施予援手。溫羽軒醫師還在當住院醫師時，有一次晚上值班，護理師都到各病房去發藥了，他正在病房護理站埋頭打病歷。這時，附近有位婦人想要打電話，但她只準備了零錢，沒有電話卡。由於病房區只有插卡的公共電話，老婦人問了溫羽軒，溫羽軒想了一下，自己也沒有電話卡，他記得門診大廳有可以投零錢的公共電話，就請這位婦人到一樓大廳使用，心想有幫病人解決問題就好。此時正準備回頭打病歷時，他看到忙到很晚才準備巡房的陳培榕副院長，攔下了往樓下走的婦人，毫不猶豫地就拿起自己的電話卡讓這位老婦人使用，跟她說慢慢講沒有關係，讓當時在旁邊看到這一幕的溫羽軒，覺得主任真的善良到不可思議。「因為其實這位民眾不是他的病人、也不是他的病人家屬，就是平常在醫院會看到的人，跟主任其實是沒有任何關係的，告訴她怎樣可以打到電話就好，但主任毫不猶豫地就把自己的卡片交給這位陌生人使用。」

陳培榕對病人好，不是想要「照顧」病人，而是他覺得人與人之間的互動本該如此。也因此他對同事、對學生或對病人，都是一樣的樸實無華而細心。溫羽軒就說，主任處理科內的事，若發現有人事上有所不和，或是工作上發生問題，一般主管的處理方式可能就是在會議上直接下達指令或作法。但陳培榕不會直接在公開場合上發表看法，而是會先去私底下了解，或是再明查暗訪各種關係人，了解各方說法。儘管這麼做會花更多的時間和精神，但是陳培榕平常公務很繁忙，還是不厭其煩地這麼處理。他遇到任何問題都很細膩地爬梳各種事情的面向，因此更能觸及事情的全貌。

而為了照顧花東為數頗多的頭頸癌與口腔癌病友，陳培榕成立了「口口相傳病友會」，讓病友們獲得更多術後照顧，同時彼此分享生活起居上的經驗，甚至是討論如何緩解化療的不適等等。除了將自己長年照顧頭頸癌患者的經驗傾囊相授，陳培榕更請了營養師、復健師和中醫師來跟病友和家屬分享各種保健知識。陳培榕說，對付癌症是一條漫漫長路，希望病友會能對大家有幫助，讓大家一起共度難關。

正因為設身處地為病人著想，陳培榕在治療病人的時候，並不會特別推薦需要自費的「高貴」藥品。因貧而病、因病而貧，即使是現代社會，這樣的狀況依然未變，醫學進步下，我們不只要尋求標靶治療等更精準的醫療方式，而且要有經濟能力做支撐。

由於許多頭頸癌患者都屬勞工階級，加上花東地屬偏遠，薪資較低就業不易，導致許多經濟狀況不佳的病人，原本就連有沒有下一餐都令人擔心，更遑論生病之後的醫療與生活費用。陳培榕的中心思想是，醫療要做到在最基本的條件下，給予病人治療的保障，「雖然花東的病人經濟狀況不是特別好，但我們還是要提供基礎的醫療品質。」陳培榕認為，這關乎病人的生存權，基本的醫療照顧必須要有，這才是醫療不分貧富的真諦。「就像我們開車，一定要開名車嗎？具有最基本的安全性，並且可以抵達目的地，這才是必要的，健保的精神就是這樣。」

第二章

貴，不一定是最好的選擇

「我個人覺得，醫療要往臨床上有品質的新技術發展。就癌症來說，當然要根據每位病人的狀況來量身訂製療法，這種量身訂製也必須考慮病人的個人因素。但就算病人不願意、或經濟狀況不允許，至少最基本且有效的醫療是必須的。」雖然所謂自費的創新療法能提高科經營業績，但陳培榕不會為了提高業績而向病人推銷高額的自費治療，「貴，不一定對每位病人都有用，如果不分疾病狀況就一視同仁地推薦，不但沒有達到治療的效果，還會造成病人與家屬承受不必要的經濟負擔。」陳培榕說：「有很多新的昂貴療法，不見就是比較好、或比較適合病人，我一定要看到更多的醫學證據，一定要先說服自己，所以我才這麼認真地閱讀醫學書籍、找醫學論文、看研究報告，這樣才能與時俱進，了解該療法對各種適應症到底有沒有效，若是真的對病人有益，我才會去使用。如果只是吹噓，跟『路邊打拳賣膏藥的』有什麼分別？」陳培榕的標準是：醫生要有一定的操守，不能違背醫德，至少要根據自己的所學和經驗判斷，並了解消化最新的醫學新知，能給病人最適合的處置，就是最好的診治。

「有很多自費項目對某些症狀是沒有效果的，我覺得不應該做，因為這樣好像在『騙錢』；有的創新療法確實是有效的，但研究發現，效果只比我們好好使用健保藥品做治療，多出百分之一或百分之二的療效，統計顯著意義不大，不過卻要病人與家屬多花好幾倍的費用，這種結果也讓我覺得沒有必要。」

就算是病人主動開口希望要使用最新或較昂貴的療法，陳培榕也會幫忙把關。「往往是病人不了解療效，一再要求醫師給他更新穎的治療方式，但醫師不能被病人牽著鼻子走，要教育病人，讓病人知道，有新的治療方式很好，但不一定能延長他的壽命，或讓他擁有更好的生活品質。不要讓病人花錢找罪受，否則我會覺得很對不起病人。」

當病人無法決定或心煩意亂時，陳培榕也會提供病人意見。「最重要的是，你有沒有自己的堅持。病人的要求不一定都非接受不可。」陳培榕認為，病人如果要求馬上要開刀，或要求醫師要幫他做什麼樣的檢查，他會思考病人的要求是否合理，很多時候病人是沒有足夠的資訊，或是擔心和害怕。「我會跟他說，你目前這個情況，這個檢查對你沒有什麼幫助，而是應該做什麼，或是要做其他的調適，現在我幫你做的檢查已經很準確，如果你信任我，接下來應該要做的是……」

不怕病人不高興，而是讓病人對疾病治療有正確的認知；根據自己的專業和所知來把關，盡力地為每位病人做好量身訂做的醫療，給予病人該有的醫療保障，是陳培榕堅守的理念。而在為病人治療時，他也不會去看病人的身份或地位，只要病人願意相信醫師，他就盡全力守護病人的健康。

有好幾次，病人來看診，他打開電腦，系統顯示病人在別科診療的欠費，請醫師「斟酌使用資源」。陳培榕為此還跟醫院的財務單位抗議過，認為不應該在醫師治療時，讓醫師因為病人有沒有欠費而影響治療的內容，醫師應該自己斟酌哪些是對病人最有利的選擇。再者，若有經濟困難，也要替病人尋找社服的協助。

陳培榕說，雖然在疾病面前人人平等，但有錢、有權的人，還是有更多的機會恢復健康。他想起法國大革命的口號「自由、平等、博愛」，這六個字，也是身為醫者應該實踐的目標。

也因此，陳培榕的病人都非常感謝他，跟他培養了革命情感。不論他到哪裡，都受到病人歡迎，跟許多病人變成好朋友。陳培榕笑說，每次去義診，雖然牙科和眼科最受歡迎，但自己卻有著最多「粉絲」，病人知道他要去哪裡義診，都會「公告」，然後住在附近的病友都會組團到義診處等他，尤其是偏遠的東海岸更是，甚至帶了很多禮物給他，又要請他吃飯，總讓他很不好意思，但看到病人這樣熱情、健康地歡迎他，他也覺得非常光榮、非常開心！

第三章

當家人變病人

行醫超過三十年，東部的販夫走卒、達官貴人以及政商名流都是他的病人，親身陪著不同身份地位的人經歷癌症或疾病洗禮的陳培榕更深刻感受到，當面對左右生死的疾病時，無論誰都會手足無措。

陳培榕醫學院的老師林宗洲教授是位研究鼻咽癌的專家，沒想到最後他自己罹患鼻咽癌，卻無法治癒自己而過世。對陳培榕而言，他也未曾想過，自己一直以來專注地在東部治療頭頸癌，會有那麼一天，居然自己的夫人也變成了自己的病人。

陳培榕與太太的相遇非常「傳統」，是經由相親認識。陳培榕就讀醫學系時，曾有教授欣賞他而介紹對象給他、也曾有參加同社團而結交較親密的朋友，但並沒有真正的展開交往。

後來因為陳培榕母親認識的幾位媒人積極介紹，陳培榕也以若適合就會往婚姻前進的心情，認真找尋交往對象。他認為，相親是一個坦誠相見的過程，沒有什麼不好，雙方是否談得來，觀念是否合契，比較重要。終於在相親了五、六次之後，也是他在擔任第二年住院醫師時，認識了未來的伴侶。太太從臺灣大學會計系畢業後，在一間會計師事務所工作，兩人觀念各方面都非常談得來，交往了一年半之後，便在一九九二年的一月結婚。蜜月還是趁著陳培榕出國開會期間，兩人順道去日本和美國旅遊。

結婚之後，一九九三年七月，因為陳培榕決定到慈院上班，從小在臺北長大的太太就跟著陳培榕移居到花蓮，住進醫院的宿舍裡。

陳培榕常常忙於醫院的工作，太太忙於家務之餘，還盡心盡力照顧兩個孩子，陳培榕雖沒特意說出口，心裡總是非常感謝太太的付出。二〇一三年，太太發現脖子側邊有腫塊，起初不以為意，加上覺得先生工作很忙，也就沒有特別提起。

陳培榕的岳母請女兒去看內分泌科，當時人在臺北的太太就去某家內分泌科診所，經診斷為甲狀腺腫瘤，醫師建議她到大醫院去做更詳細的檢查。剛好那段時間，孩子準備考大學，加上這個腫瘤不會疼痛，所以夫人就先將這件事暫時放著，沒有繼續追蹤。

直到某一次夫妻倆聊天的時候，太太無意間提起自己在側頸偏上方的地方有一個腫塊，但不會疼痛。當太太一講，陳培榕摸到時真的嚇了一跳，他心裡覺得不妙，也自責自己竟然都沒有注意到，腫瘤不大，不在甲狀腺，而是在上頸部側面，沒有觸診時不容易感覺到。

陳培榕馬上讓太太到花蓮慈院檢查，確定是罕見的口咽部位扁桃腺癌，癌症總共四期，太太的化驗結果出來，已經是第四期了。儘管已是晚期，陳培榕認為還是可以拼一下。

「當然還是會擔心，就自己跟老婆做『病情告知』，可能的結果她也都知道。」陳培榕說，外科醫師因擔心過度的壓力，有一個不成文的忌諱，就是大都不會親自幫至親家屬動手術。太太決定開刀之後，陳培榕請學生周昱甫醫師幫太太手術，由周醫師主刀、自己當助手。周昱甫說，雖然自己是主刀醫師，其實比較像「達文西手臂」[2]，老師要

[2] 達文西手臂是一種模仿人體關節所設計的機器手臂，近年來被用於精密的微創手術中。

開哪裡其實都很清楚，只是藉由自己的手來完成。雖然在做淋巴清除的時候，為求清得徹底，他不慎把透明的胸管劃破，造成乳靡外漏，但後來也請整形外科做了修補。

開刀很順利完成，一般癌症在第一、二期發現，只要手術清除就幾乎沒什麼問題，但到了三、四期之後，晚期的癌症除了開刀外，還要進行放射與化學治療比較安全。所以就由血液腫瘤科的王佐輔醫師幫忙做化學治療，並由放射腫瘤科的許文林副院長協助設計放射治療的療程與劑量。

通常癌症病人在開刀之後的六週內（大部份是取第二十八天），醫師評估傷口都癒合了之後，就要開始進行放療和化療的療程。

放射治療要破壞癌症細胞 DNA 的時候，需要氧氣產生自由基才能進行破壞。這時候需要病灶局部血流好，血氧充足。但開完刀後，局部血流一定不好，所以氧氣更重要，此時需要血色素攜帶氧氣，所以放射治療的時候病人不能貧血，因為貧血時血色素不夠，效果就會打折扣。

病人的體質也很重要。若有肝硬化的症狀，血色素通常比較不夠，免疫的狀況也比較差，對化療藥物的效果會比較不好。陳培榕的太太雖然沒有肝硬化，但因為有點貧血，比較缺鐵，需要另外補充鐵劑。

病人開始第一天的放射治療之後，也會同時開始進行化學治療，稱為「併時性放化療」，這時病人的身體壓力會比較大，通常療程進行到差不多兩個星期之後，身體就會開始覺得不舒服，療程進行到一半，是最難受的時候。

「我們都非常感謝每位醫師的幫忙，開刀當然很重要，先清除掉一定的癌細胞，接下來就靠電、化療輔助，總之所有程序都按照治療指引規範來走。」陳培榕坦言，早期發現早期治療，過程就不用這麼辛苦，太太的確也有辛苦的地方，放、化療進行一個多月期間，她曾經有天拉肚子拉了八、九次，另外還有貧血的問題，自己身為主治醫師，就是依照正規治療的方式趕快處理。

從醫師變成陪病家屬，陳培榕自嘲自己變回「住院醫師」，工作就是負責打雜、買東西給太太吃。他雖然睡過兩天的病房陪病床，但太太認為他白天還要上班開刀，還是不要勉強睡醫院，就請看護接手照顧。

雖然陳培榕性格冷靜，但他不諱言，曾經也擔心可能就此失去太太，自責身為醫師卻沒有照顧好家人的健康；他從沒想到自己是研究這一行的，竟也變成頭頸癌病人家屬。他想起自己的老師林宗洲教授是鼻咽癌的專家，最後自己也因鼻咽癌過世。反觀太太則有著可以活下去的信心，相信先生能把自己治好，咬緊牙關撐過每一次治療的不適和狀況。在醫病合作下，陳培榕的太太終於完成治療，恢復健康，多年來狀況都維持得很好。

「天意難測，我們要謙卑；人雖不容易勝天，但要盡人事。」身為一位耳鼻喉科的癌症治療醫師，陳培榕一直以來認為治療癌症最有成就感的事，就是病人沒有復發，活得好，吃好睡好，身心愉快，這些也都是最大的報償。

而這件事也讓他證明，自己治療病人的方式是對的。即使是自己的太太罹癌，他一樣採用正規的療法和步驟，並不因為是自己的家人，就特別投入「仙丹妙藥」來醫治。其實世上並沒有所謂的神藥，醫師依據每一位病人的體質和疾病狀況來主導治療方向，面對每一位病人，他都一樣盡心盡力。

第四章

學會放下，繼續前行

凡事盡力，是身為一位醫師的自我要求，但不見得都會有好結果。比如陳培榕也有病人在努力接受治療後，仍看到自己的病情已到末期、自知不會痊癒，選擇輕生。再者，外科醫師容易遭遇上的醫療糾紛，則是另一種令人遺憾的狀況，陳培榕也曾遇過。

有位口腔癌晚期的病人，由陳培榕為他醫治開刀，成功清除癌細胞挽救了病人的生命；但是在手術過程之中，因為整個醫療過程的系統性問題，病人的視力因角膜潰瘍感染受到損傷，病人因此提出賠償，要求陳培榕以主治醫師的身份負起全責。

由於這位患者年僅四十歲，而且平常擔任駕駛，視力損害對他的生活影響甚大，因此要求的賠償金額也頗為可觀。所幸後來這位病人在接受角膜移植後，視力稍好轉，在協調過程中，陳培榕也付出了相當高昂的賠償金，所幸大部分由保險、醫療互助基金與醫院付出。

儘管在醫治的過程中盡心盡力，也成功拯救了晚期癌症病人的性命，但是卻必須為沒有完美的結果負責，連帶付出一大筆賠償的陳培榕坦言，這還是有點令他感到灰心。雖然有人為他抱不平，認為他救了病人的性命，病人卻要求賠償不太應該，但陳培榕卻表示自己可以理解，要求補償是應該的，這與他拯救病人的性命是兩回事，整件爭議可以圓滿解決最重要，他也決定把這件事放下，與病人還是維持著良好醫病關係，這位病人還是繼續回來讓他看診追蹤。

陳培榕說，決定走上外科這條路之後，在行醫生涯中，遇到這種事在所難免。有些時候，如果沒有幫病人治療好，病人責怪醫師；或者疾病治好了，病人依然不滿意，有些是身為醫師沒有辦法掌控的。所以當遇到醫療爭議時，醫師自己學會面對與解決是他認為的最佳方法。「學會面對與解決事情是一種藝術，如果一直被害怕恐懼牽絆住，怎麼繼續行醫？」

醫療總是千變萬化，存在著一定的風險，誰都沒有十足的把握，誰都有可能犯錯，為了避免犯錯，他認為醫師之間多一些良性的互動與討論是必要的。譬如病理檢查，有時候若覺得結果不符合自己的推測，或者他人的判讀與自己並不一致，這時候不該互相責怪，而是應該彼此討論。同一種癌症長在不同病人的身上，期數相同，病人年紀也差不多，治療過程也一樣，但是有時發展的結果就是不同，這也是醫療風險上的不確定性。「我只是個耳鼻喉科醫師，我還是有很多侷限。譬如我對麻醉也不是很了解，或是對一些最新的標靶、免疫療法雖然了解，還是有很多狀況需要跟該專科的醫師討論，再加上病人的參與，才能達到最好的治療效果。」陳培榕說，其實治療病人是很複雜的過程，有時也需要醫學倫理和法律專家來共同考量，有時甚至需要社工的協助。以前的醫師常一人負起所有診療過程的工作與責任，但現在的趨勢則是講究團隊合作，多討論、多交流，綜合各方分析與意見之後，再給病人建議。

臺灣醫界在強力推動的醫病共享決策（Shared Decision Making，簡稱 SDM），也是一大助力！目前臺灣各大醫院都設有醫病共享決策平臺，若有重大的癌症治療，醫療團隊會與病人一起討論，由醫師這端拿出各種證據，最後提出認為最理想的治療方式。譬如當病患罹患的是下咽癌，要選擇哪一種治療方式才妥當？病患身上有沒有其他共病？治療成功率多少？治療後的五年存活率又是多少？如果採取部分切除或全喉切除，會造成怎麼樣的後遺症？或生活品質受到的影響是什麼？經過各種醫學、證據的考量後，得出一些建議，但也會以病人的偏好來規劃，並由病人選擇其治療方式。

而當醫療過程中有一些不良事件發生時，每個醫療科也都設有死亡及併發症討論會（M&M Conference, Mortality & Morbidity Conference）。在目前的醫院評鑑條文中，都會特別檢視有沒有進行這個討論會。而這個科內討論會的內容，雖有會議記錄，但在美國，就連法庭都無法調閱，主要是為了讓醫療人員能誠實地自我檢視，開誠佈公檢討有問題的治療，還有是不是過程確實有不妥或缺失。

一位哈佛醫學院的外科教授葛文德[3]曾經寫過一本書：《一位外科醫師的修煉》（*Complications: A Surgeon's Notes on an Imperfect Science*）。當中提到當了醫師之後會發現，照顧病人最大的挑戰並非該怎麼進行治療，而是未知。醫學的基本狀態就是不確定性，而外科醫師常會遇到的惡夢包括併發症、醫療糾紛、名利的誘惑，以及面對疾病的無能為力……等等，他也特別提到「死亡及併發症討論會」，是一個醫師互相檢討及檢驗整個流程的重要會議，但法庭也無法調閱檔案的祕密。

臺灣的醫院實施評鑑之後，也規定必須要設有「死亡及併發症討論會」。陳培榕很重視這個討論會，至少一個月要開一次，包括醫師專師在內，必須全科參加，大家開誠佈公地提出看法。討論會的個案選擇也很重要，可以是檢討，或者是檢視醫療案決策及處置當下的處理方式是不是有不妥，或者是手術或給藥是不是沒有考慮某些問題。他自己的醫療糾紛也曾是討論會的內容之一。他與麻醉科等討論過整個流程，讓其他人不要重蹈覆轍。

陳培榕說，「檢討整個醫療流程，才能避免再犯同樣的失誤，這樣失誤無論大小才能獲得修正，也才能促成醫療的進步。」

3 葛文德（Atul Gawande）是位印裔美籍的醫師，也是位優化現代醫療保健體系領域中的專家。

第五章

邏輯、辯證思考與醫療決策

根據事前的檢查影像以及完整的手術計畫，陳培榕在開刀房裡，準備切除病人的惡性腫瘤。他小心地用鋸子鋸開顏面骨，將頸部血管先束縛住，淋巴也仔細地加以清除。頸部淋巴在清除時，對於周遭的神經和血管都要非常謹慎，在在考驗技術跟耐心。陳培榕專注但不緊張，對他來說，手術本來就不只有科學，同時是一種藝術。無論是要怎麼巧妙地去避開重要的血管，或是準備切除的範圍該如何構建，其中蘊藏著藝術性；手術中關乎血管、神經、肌肉、骨骼該如何處置等林林總總的規劃，醫師必須要非常了解人體的結構與空間性才能掌握，正如雕塑一般，必須要發揮想像力，也要構圖。於是，每個外科醫師在處理的基本原則之外，都會有屬於自己不太一樣的步驟和開法，施展屬於自己的科學和藝術創作。

這個世界上沒有兩個相同的人，有些人神經、血管的走向和別人不太一樣。外科醫師在手術時，經常會遇到需要臨場反應的狀況，如何鎮靜而穩定地即刻處理和解決非常重要。

譬如腫瘤太大，吃進了血管，當侵犯到動脈，包住頸動脈，就會造成動脈沾粘，進行剝離時一不小心就會破裂大出血。動脈的血流比較豐富，不好處理。如果犧牲動脈的話，病人有可能就會中風或死亡；如果供應的血量不足，血液沒辦法輸到大腦，病人可能就造成缺血性中風。頭頸部的手術中有一些動作會影響到腦部，必須要格外小心。

頭頸部不是單一器官，而是屬於一塊「區域」，很多器官的組織解剖構造都相互關連，所以更需要整體布局。腫瘤切除的時候會出血，出血太多會影響生命安全，要步步為營。手術過程影響病人甚鉅，除了出血要控制住，外觀上能保留的部位一定要保留、但是不得不犧牲的就必須犧牲，這也是一種藝術。

醫療除了科學與藝術性，在執行醫療的過程中，也會進入哲學的範疇，需要運用邏輯演繹與辯證的思考方法。

「我們那一代的教育，從小比較填鴨，塞給我們什麼、我們就背什麼，背完也不知道到底讀了什麼。其實有些知識是需要演繹的，很像數學。我覺得我的演繹能力還可以。」陳培榕在成長過程中乃至於開始學醫、行醫，他得到一般的醫學是以邏輯為基礎發展，從一個前提、假設，慢慢去演繹、推理並得到結論。但結論也可經由證明或否證來加以修飾，這又會形成了一種正反合的辯證過程。

陳培榕認為，醫療脫離不了邏輯與辯證思考。他舉口腔癌分期（決定病人治療或預後主要的因素）為例，一開始我們常常會從臨床觀察中了解到一位病人分期是第三期，但這個假設有時常會被後續的深入檢查否證或證明，所以會再進一步的檢查來做分期標準，這其中又牽涉到檢查的敏感度、特異度及成本問題。這時其實醫師們就得用上辯證思考法 4 了，因為如果正題是假設病人的臨床癌症期數為第三期，反題可能是它並非第三期，合題就是利用各項檢查、仔細加以區分，也要看我們選擇哪種方法來加以證實。辯證過程牽涉到個人的選擇部分，所以必須引進哲學思維來加以考量。就算臨床期數確定了，還得進行最後開刀病理期數的證實或證偽。這又可能啟動另一波治療辯證與選擇的問題。陳培榕認為人的大腦思維模式是非線性的，甚或有著另一層的平行思考存在；而在最後醫師該做出什麼治療選擇，也是一種辯證過程。這整個過程中，真與善的思考決策選擇都相當重要。

再者，就上面的思考方式來說，辯證法所謂的「正題」、「反題」和「合題」，其實非常多元，反題也不一定是邏輯的否定型式。以第三期口腔癌的病人為例，所謂的「正題」，就是標準論述，醫師們一般對於這類病人都會以「五年存活率為百分之五十」為思考基礎；但所謂的「反題」，就是醫師需要思考，這個病人本身是否被其他特殊條件所影響，譬如年齡或共病。正反的意思並不單純是「是或非」，而是考慮到有沒有其他的條件和變動因子，假如這位病人有其他共病，或是其家庭提供了良好的照顧能力，都是「反題」，會影響到「正題」所謂百分之五十的五年存活率。「合題」就是醫師必須經過綜合的考量，才可以預估病人真正的存活率。隨著治療後的追蹤，又產生新的辯證。「這樣才是經過辯證的思考，不會造成在治療上很僵化。用辯證法可以為病人量身訂做一個專屬於他的治療方式。」陳培榕認為，現在醫療教育上需要培養醫學生辯證的

4 德國哲學家黑格爾（Georg Wilhelm Friedrich Hegel）所提出的辯證法將推論過程分為三部分：正題、反題與合題。其中「正題」即為原始的問題，「反題」為相對於「正題」的假設，「合題」則是「正題」與「反題」的綜合。

能力。如果只是熟記資料、只講究邏輯，可能粗糙地就認為第三期口腔癌通常差不多會發生什麼狀況，可能只有百分之五十到六十的存活率，很容易地會認定接下來的標準治療就該是什麼，這樣容易淪為醫匠。

所以，「癌症雖然有治療的指引，但不能僵化到只用邏輯來思考，因為邏輯只有『是』跟『非』，一位八十歲的病人和一位三十歲的病人，即使癌症期數相同，治療的方式會不太一樣。」陳培榕認為：「執行醫療時如果有辯證能力，會更細膩，能跟病人討論，考量更全面性，包容性就多一點。」當正反思考到最後「合」的時候，就是一種選擇。醫師在選擇時必須運用智慧，在考量病人的病情以及其他的客觀條件後，同時要參考相關專業人士的意見，包括病人也有自己的想法，醫師都要將其一併考慮進來，才能選擇對病人最有利、目前最可行的方式。

開刀清除腫瘤的過程，其實充滿風險。可能會遇到大出血，血管縫合困難。即使手術順利結束，也可能遇到病人產生併發症，嚴重甚至會死亡，或傷口感染等狀況。「為了要治好病人，開刀本身就具有危險性，是一個立即的危險。但是如果不能切除乾淨，早一點開刀或是晚一點開，都要看我們設立的目標是什麼。我們也不一定每次目標都是要將腫瘤清除得乾乾淨淨，有時只是為了提昇他的生活品質。」

所以儘管原本醫療的目標是要拯救病人的生命，但有時並不是要達到醫學上的治癒，才是對病人而言最好的結果。在以病人為中心的前提考量下，不論辯證的過程如何，陳培榕最終與病人討論後都會做出適合的決定，重要的是雙方都能接受。

因此，除了治癒病人的目標，陳培榕也會幫病人做緩和性手術來解決病人的問題。

曾有一位病人來求診時，在他鼻子下到連接嘴唇的人中部位，長出一顆大的惡性腫瘤，講話與吃東西都變得相當困難。經過徹底檢查後，他所罹患的癌症早已全身轉移了，包括肺部和骨頭都有了癌細胞。通常癌細胞轉移之後，外科醫師就不會建議開刀，而改以放、化療為主。因為無法將癌細胞清除乾淨，堅持手術只會讓病人受皮肉之苦，是沒有意義的事。

這位病人也知道自己已經不久於人世，但他還是請求主治醫師陳培榕為他手術，將他臉上的腫瘤去除就好。

原來病人的兒子即將結婚，他想要體面的參加及主持兒子的婚禮。為了完成他最後的心願，陳培榕幫他做了局部手術，切除裸露在臉上的腫瘤並加以重建，讓外觀比較平整好看，講話也比較清楚。

陳培榕說，這叫「緩和性的支持手術」，這樣的緩和醫療一則能夠協助病人減輕症狀，二則可以幫病人達成其他的功能或品質。

這手術的作用就是協助病人完成他作為父親、在孩子婚禮上擔任主婚人的任務，病人心滿意足地參加完兒子婚禮，兩個多月之後就過世了。雖然身體並沒有治癒，但是病人和家人的心願已經獲得了滿足，沒有遺憾。

第六章

試煉醫者仁心

二〇二〇年，新冠肺炎的疫情席捲全世界，臺灣因為有過對抗 SARS [5] 的經驗與事先的警覺，防疫相當嚴謹，也使臺灣的民眾維持了一段不受病毒影響的生活。但到了二〇二一年四月下旬，臺灣產生防疫上的破口，由桃園機師與防疫旅館及萬華茶藝館相關衍生的幾波社區感染，造成臺灣的疫情急速升溫，全臺醫療院所的醫療負載緊繃，花蓮也傳出好幾例社區民眾確診。慈濟醫院除了照顧花蓮確診的病人，並被下令有必要

5 SARS 的全名為嚴重急性呼吸道症候群（Severe Acute Respiratory Syndrome），是一種非典型肺炎，二〇〇二年時從中國廣東開始擴散至世界各地，也曾於二〇〇三年間在臺灣造成流行。

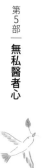

時需支援臺東等地的重症轉診患者照護。陳培榕與同仁將耳鼻喉科病房提供出來作為治療新冠肺炎病人的專責病房，同時支援快篩人力，並到有感染之虞的社區協助篩檢。

鼻咽拭子採樣是耳鼻喉科專業的一部分，陳培榕也指示科內協助預住院者、門診手術者、陪病者、院內同仁及外包清潔、輸送人員在慈院的戶外採檢站進行採檢；此外，同時支援急診疫病診與戶外快篩站，替醫院把關，也讓急診及重要手術可以順利運作。

身為耳鼻喉科主任，陳培榕也曾帶領科內同仁為民眾和同仁一一篩檢，在超過攝氏三十度的豔陽下，穿著密不透風的防護裝備，站在受檢者的上風位置，採取鼻咽部拭子採檢能得到最準確的結果。陳培榕動作熟練，平均一小時可以篩檢四十人，但因為天氣實在太熱，汗流浹背，最多撐一個半小時一定要稍事休息。

慈濟醫院是醫學中心，主要負責重症病人，身為副院長也身為耳鼻喉科主任，陳培榕很感恩負責診治與照護的醫護、醫技、醫檢及各部門同仁。大家共體時艱，抗疫救人。陳培榕說，這一段時間真的很辛苦，有些直接照護病人的醫護因為怕影響家人，甚至不回家，醫院也儘量安排一人一室的住宿。

疫情當前人心惶惶，對於願意共體時艱付出的醫護，讓身為主管的陳培榕更加感動。他一向個性溫和，不論在門診、課堂、醫院以及在手術房裡，學生及同仁眼中從來沒見過他發脾氣，但這次在這個大敵當前的時刻，卻讓大家看到他有一些動氣了。他不但痛心，也覺得難過。

疫情時，一位原本住在北部的病人因為老家在花蓮，所以回鄉到了慈濟醫院準備進行聲帶息肉手術。病人來自臺北市萬華區，當時萬華正是疫情的熱點，原本隔天就要手術，主治醫師得知病人住在萬華後，臨時反悔不願意為病人手術，並請住院總醫師跟病人轉達，「我沒有辦法幫你開刀」。

住院總醫師不知如何是好，緊急找陳培榕求救，詢問他能不能代刀，陳培榕一聽，這個病人他從未替他看診，也不清楚病人狀況，加上也沒有徵得病人的同意，沒有辦法貿然代刀。在主治醫師堅持無法手術下，最後還是陳培榕親自出馬向病人致歉，告知主治醫師因為其他防疫任務無法幫他動刀，病人最後並沒有手術。

陳培榕很痛心，自己栽培出來的學生，也已經是位主治醫師，卻因為疫情的關係，做了有失醫德的行為。當住院醫師值班忙碌一時沒有辦法去做新冠肺炎篩檢時，他也不願出面支援，這下又因為病人的居住地不為病人開刀，讓他覺得實在太離譜了！

個性溫和的陳培榕直言：「防疫視同作戰，這個叫臨陣脫逃。」陳培榕心痛地對學生說：「你已經是主治醫師，如果你真的不願意幫病人開刀，也要自己跟病人說，並告訴病人理由，怎麼會請住院醫師去說？這太離譜了。」這位主治醫師跟他說的理由是，如果病人不幸確診，全院都會被感染。陳培榕則認為這個理由過於牽強，他沒辦法接受，當時每位病人甚至陪病者，都必須做「PCR（核酸檢測）」，檢測結果陰性才能進入醫院。

陳培榕認為，身為一個醫者，行醫過程一定會有風險，但是，早在醫學系五年級受袍的時候，每個人都已經宣誓過醫師誓詞。「醫師誓詞已經說得很清楚，不分種族、不分職業、不分男女老幼都要醫治。」陳培榕堅持，「不能歧視」是行醫最重要的觀念，難道從萬華來的病人就要被以異樣眼光看待嗎？身為醫師的天職，身在第一線戰場上作戰，「就算是你的敵人受傷遭俘，你都必須幫他治療！」

學生最後希望老師原諒他，但因為之前他已有一些不適當的行為，陳培榕最後還是忍痛不與學生續約，後來這位主治醫師提早離開了醫院。陳培榕認為，人都會犯錯，自己也是，小過錯在所難免，有時候是沒經驗，或者知識不足，這都是可以補強的，但若是違背醫療基本原則，則沒有辦法原諒。

「傳承很重要。醫者，醫者！當然要仁心仁術。」在醫療這個領域一直擔任著中流砥柱的角色和任務，有感於自己年紀漸長，未來醫療的責任要交到年輕一輩的手上，陳培榕更加體會醫療傳承的重要。「應該這樣說，醫學中心的醫師就是臨床、教學和研究這三大重點。臨床的任務就是希望能把病人的病治好、把自己分內工作做好；研究當然持續要做，為醫學貢獻新知；教學，就是把學生教好，讓學生都能成為良醫。」

在花蓮慈院一年一度的住院醫師招募會上，陳培榕負責面試耳鼻喉科的住院醫師，他請面試者用自己擅長的第二母語自我介紹，不流利也沒有關係，夾雜國語也可以，盡力就好。

一位首屆一指國立大學醫學院畢業的醫學生表示，自己不會講任何第二母語，於是拒絕了這項要求。當然這位應徵者最後沒有被錄取，結果不是因為不會講第二母語的關係，而是因為他的態度，不願意去嘗試與學習。

「會請面試者用母語自我介紹，國客、國臺交叉或原住民語都沒關係。不是語言歧視，也不是要考語言有多「輪轉（閩南語：流利）」，甚至只是用國語夾雜一、兩個方言都可以，主要是看態度。」

「耳鼻喉科是一線科，就是要直接面對病人，如果要完全依照自己的方式，要跟病人怎麼溝通？」陳培榕說，現在會說國語的病人比較多，但如果到西部，像大林慈院的話，可能有百分之七十以上是國語沒辦法溝通的老人家。花蓮國語比較普遍，但花蓮也不算是都市，有四大族群，甚至偶爾遇上年紀很大的原住民，他還需要使用簡單的日語溝通。

溫羽軒說，自己是南部人，所以閩南語還可以，自己之前也有被考過母語，雖然沒有被考倒，但當時不知其所以然，後來自己開始看診，開始和病人直接溝通，在互動的過程才體會到老師的用心良苦。

除了請應徵住院醫師的醫學生做自我介紹，陳培榕還會問三個問題。

第一個是「為什麼要走耳鼻喉科？」

這是一個沒有標準答案的問題，醫學生可以盡情發揮，他想知道年輕醫師內心真實的想法。

接下來第二個問題，會請他們舉出在學生時代，或實習醫師、PGY 6 的時候，有沒有令他們印象深刻的病人，以及這些病人在臨床上的狀況及和他們間的互動。

對於這問題的回答，如果內容是學生瞎扯的，經驗老道的老師們一聽就會知道。至於就連細節能夠描述得很清楚的醫學生，通常對病人和行醫的態度都不會太差。

接下來的問題是，他們在跟病人互動的過程中，從病人身上學到什麼？也就是以病為師的觀念，通常只要這麼一層層往下問，面試官就可以看出這些年輕醫師行醫的態度及知識。

主治醫師溫羽軒現在也是考官，以前也曾接受過陳培榕的面試。他曾說，自己大學畢業成績很差，是主任給他機會，自己才有今天。

陳培榕說：「在學成績差不代表一切，我看的是態度。」溫羽軒面試時，陳培榕看出他態度很誠懇，誠實地說出自己成績不好，但會努力學習。「有一份誠懇的心是很重要的，誠正信實，也可以看出來。」

陳培榕說：「溫醫師自己很勤奮，也相當努力，才有今天能獨當一面的狀況。學生們的成就，其實都靠自己，老師只能從旁加以指點和輔導，很多老師都希望作育英才，可以遇到好的學生，學生可以青出於藍，是當師者莫大的幸福和快樂。」

醫師溫柔的心，除了設身處地地為病人著想，也要努力教育學生，希望可以培養出學

6 PGY是post-graduate year training的縮寫，也就是醫學生畢業後的一般醫學訓練。

生獨當一面的能力和「仁心」，也希望病人可以獲得最溫暖的對待。

陳培榕的兩個孩子從小耳濡目染，從小看著爸爸行醫救人，看爸爸製作各種醫學報告時，很大的腫瘤經父親之手被消除，病人因此被治癒，當時都覺得爸爸怎麼那麼厲害！陳培榕從來都沒有要求過孩子要當醫師，也沒要求過孩子要多用功讀書，他堅信讀書做事都要靠自動自發，用逼的沒辦法長久。他自覺身教重於言教，給孩子最大的榜樣就是身教，就像他在耳鼻喉科擔任主任一樣，做多於說。

桃李不言，下自成蹊。兩個孩子經年累月看著陳培榕數十年來為醫療的付出，現在也都選擇成為醫師。大兒子已經在北部的醫學中心接受住院醫師訓練，並克紹箕裘，選擇了耳鼻喉科作為專科。小兒子則是就讀慈濟大學醫學系，還曾當過父親陳培榕的學生，畢業後目前在臺大醫院接受 PGY 訓練。

現在陳培榕常常深夜收到孩子用通訊軟體傳來的醫療相關疑問，他都很樂意幫忙解答，成為兩個年輕醫師最可靠的後盾，也能造福未來他們會接觸到的病人。他曾跟孩子說：「你們只要成為一個良醫就好了。」但他也認為孩子們還年輕，對醫學還在學習、摸索的階段，對行醫之路尚無明確的概念，隨著學習時間愈久及其他師長的教導，他相信孩子會有所進步與成長。

第七章

幾分鐘就是生與死的距離

二〇二一年底，某個星期六下午，陳培榕正在宿舍讀書，突然接到急電，由急診剛上來住院的一位喉癌病人無法插管，住院醫師為其進行環甲軟骨切開術，但切不進去，病人已經快要窒息了！陳培榕馬上從宿舍跑到醫院，大概七、八分鐘後就到了手術室，馬上幫病人做氣管切開術，解除病人窒息之苦，病人呼吸順暢後，對陳培榕感激不盡。

經過了窒息的痛苦經驗之後，病人也決定接受陳培榕的建議，接受全喉切除。他曾因早期喉癌接受過放射治療，但過了一段時間又做切片檢驗證實癌症又復發了。本來安排他接受開刀治療，但病人因為恐懼，加上全喉切除後必須使用人工喉，講話較不方便，食道語也很難學，所以病人不願意接受全喉切除，也再沒回來追蹤病況。這次來到急診時，因為病人實在喘得太厲害了，躺著根本無法呼吸，空氣吸不進肺裡，讓護理站膽顫心驚，一般氧氣飽和度（血氧量）必須要九十五以上才算正常，但病人的血氧濃度已經去飽和化，降低到只剩八十幾。此時值班醫師必須趕快設法為病人建立呼吸道幫助他呼吸。住院醫師想在病床旁施行環甲軟骨切開術，但因為病人體型較大、頸部相當厚實，值班醫師切不進去，只好趕緊向老師陳培榕求救。

陳培榕從宿舍跑到手術室之後，馬上為病人進行氣切。由於病人無法平躺，於是陳培榕將他稍微抬高。病人因為喉嚨堵住無法呼吸，但意識仍清楚，陳培榕為病人進行局部麻醉之後，馬上切開氣管，進行了呼吸道分流術式（airway bypass），將管路插入氣管，病人瞬間就覺得呼吸順暢了！

陳培榕幾分鐘內趕到醫院，救活了差點窒息的病人，看起來似乎輕騎過關，但臺上一分鐘，臺下十年功。當然，陳培榕可不只十年的功夫鍛鍊，他認為這次狀況也幫住院醫師上了很重要的一堂課。住院醫師可以藉此明白，病人雖不至於在一、兩分鐘內馬上死亡，但是呼吸道阻塞是非常緊急的狀況，當病人已經喘不過氣的時候，到急診的第一步就是要馬上送進開刀房，先疏通呼吸道才能收治住院，否則不但病人難受辛苦，也造成護理人員照顧上極大的負擔。而最重要的一點是，住院醫師們本欲在急救時所施行的環甲軟骨切開術，其無法施行的禁忌症就是喉癌。因為環甲軟骨切開術是由聲門下進入，但如果病人罹患的是喉癌，極有可能切進去就遇到長在延伸至聲門下的腫瘤，根本進不到氣管，應該要做的是氣切。但是進行氣切需要經過的組織也較多，因此較難以實施。

經歷千鈞一髮，包括護理師以及住院醫師都很感謝主任的即時救援。而病人則是經歷了無法呼吸的痛苦後，除了感謝醫師特地過來救他一命，也跟陳培榕坦承自己也很後悔，其實已經喘了好一陣子了，卻還是拖到那麼嚴重才到醫院就診。但也因為這次的經驗，原本拒絕開刀的他，馬上接受陳培榕先前的建議，願意接受全喉切除的手術。

所幸癌細胞長在聲帶上的喉癌，通常預後都比較好。病人做過詳盡檢查之後，很慶幸地沒有發生轉移的現象，以第四期（晚期）的喉癌來說，手術後加上輔助性化放療，成功率還是有百分之四十到五十，陳培榕認為其實是非常樂觀的。

一陣兵荒馬亂過後，陳培榕也笑說，還好自己週末剛好待在花蓮，可以用最快時間馬上趕到醫院，可見自己宅在家也有好處，不但可以讀書寫論文，還可以救人。

陳培榕在東部日復一日的守護頭頸癌的病人，在危及時刻搶救生命，成功時感覺愉悅，失敗時反省檢討。身為醫療人員，他認為一定要不斷精進自己的醫療技術及知識。

然而他還是有感於預防重於治療，期望大家遠離菸檳酒，當可減少許多疾病的發生。

國民健康署於二〇〇七年開始推動檳榔防治，結合社區、職場、校園和軍隊等，營造無檳環境，更積極推動口腔癌篩檢。以往花蓮慈院外的中央路上，是一片沿線檳榔攤林立、檳榔西施在櫥窗裡招攬生意的景象。儘管近幾年檳榔攤有大幅減少的趨勢，但口腔癌的發生率及死亡率仍然相當高。據調查，二〇一九年口腔癌死亡人數突破三千人，創十年新高。口腔癌的致病時間要往前推十至十五年，當時檳榔是全臺第二大經濟作物，全臺依靠檳榔維生的有兩百萬人之多，花東地區十五歲以上嚼食檳榔的比例更是超過百分之二十以上，是嚼食人口比例最高的縣市。而有嚼食檳榔經驗的族群，現在都極有可能成為罹患口腔癌的病人。

陳培榕相信，在衛生單位與社會各界推動檳榔防治運動的努力之下，口腔癌發生率可望在不久將來逐漸降低，而口腔癌因為是屬於區域性的癌症，臺灣、東南亞和印度有生產及嚼食檳榔的地方才會有大量病例，所以並不屬於全世界都非常重視的癌症。相較之下，乳癌、肺癌、大腸癌和攝護腺癌等等，因為發生率高、西方猶為普遍，目前是西方世界關心的幾種癌症，科學家和醫學家對其相關基因與治療上研究都比較多。臺灣在肝癌及鼻咽癌的研究上世界聞名，然而在這些本土較常見疾病之研究上，的確要更加努力。

陳培榕守護花東二十多年，的確也訓練栽培了不少優秀的耳鼻喉科人才。他認為慈濟醫院雖然位在東部，但醫療的技術、手術的深度與廣度在很多領域並不亞於西部的醫學中心。

目前花蓮慈院的口腔癌各期治療存活率在各醫學中心評比中大概中上程度，雖然不是最高；但就如陳培榕以辨證的觀點思考，醫療的品質和結果不能只看存活率。北部屬於都會區，居民社經地位較高、整體醫療環境較好，也更有條件尋求一些化學、免疫或標靶治療。東部的癌症病人通常很多共病，肝病、糖尿病、心臟病，甚或家庭及社經條件不佳等等因素集於一身，往往就算癌症治療好了，也有可能因其他意外傷害或疾病而去世，但不管任何原因，表現在五年總體存活率表現上就會略遜一籌。

當罹患癌症，為了活命，病人大都多方打聽，很多都會往北部尋求治療。然而花蓮慈院的耳鼻喉科，還是院內收了最多癌症病人的醫療科，這表示大部分東部的頭頸癌患者，還是相當信任慈濟醫院，不假遠求到外地治療。當然也有病人會希望到西部治療，陳培榕也都支持。有些病人會說因為孩子在外地，並不是對慈濟醫院沒有信心，但也有些病人確實認為西部的醫療水準比較高。陳培榕也從不誇耀「我們其實也不錯」，他明白有些北部的醫學中心確實是有名氣，但他也知道，自己經營這個領域的實力，以及在花東的聲譽，是不會太差的。

第八章

大刀的故鄉

雖然以陳培榕內斂低調的個性，不會在花蓮慈院頭頸癌團隊的能力上大做文章，但是數十年的功力累積，溫羽軒醫師就說，從以前到現在，他最喜歡跟主任一起開腫瘤的手術，因為可以藉此學習、獲取許多經驗和能力。

頭頸部腫瘤有一個很大的特色：它不單單是專屬於一個器官，而是一塊區域，跟外觀還有視力、咀嚼、呼吸、說話等種種功能都連結在一起，與生活品質息息相關。溫羽軒說：「像肺癌、肝癌或大腸癌，都是腫瘤侵犯到哪裡，就把那裡切除，有一定的規則和標準的手術流程。但是口腔癌是腫瘤，是除了癌細胞要切除乾淨、考量病人的存活率之外，還要考慮病人的外觀、功能，所以我們針對每個病人幾乎都有獨立的手術計畫。」

在手術細膩度上，執刀的主治醫師也要有特別的技術和規劃。「尤其是長在一些不太好處理的位置，譬如腫瘤長在很後面的臼後三角區，甚至會吃到上頷骨或下頷骨，主任就會跟我們說，不能直接切進去，要往側邊切一點再往下。」

溫羽軒認為，耳鼻喉科醫師開刀時，不能埋頭苦幹，腦中要自備「立體定位儀」，同時考量如何將病人的外觀和功能傷害降到最低，才能知道要切到什麼地方。「主任就是會跟我們說，這邊再往旁邊一點。經過他的指點，就會知道怎麼做就能完整地切除，病人以後的預後也會比較好。」

「直到現在，主任要上刀前都會找我們一起去看影像，然後告訴我們腫瘤吃到哪裡，要怎麼開比較好，實際動刀時再帶我們去找位置。我當主治醫師之後也是一樣，只要遇到手術上有困難的病人就去找主任討論，他就會告訴我們該怎麼做比較好。」

在這樣的努力下，溫羽軒認為，花蓮慈院雖然不敢說在頭頸癌治療的技術和品質上是第一名，但是絕對贏過許多北部、西部的醫院。「以前我們和臺大醫院還有建教合作，我去臺大受訓時，學長都跟我說，你們是『大刀的故鄉』耶！」溫羽軒說。「臺大稱頭頸癌的手術叫『大刀』，因為通常都要開得又累又長，他們就說花蓮是大刀的故鄉。因為我們病人多，治療經驗豐富，反而臺大很多教授都說，在花蓮這裡可以學到很多，也有動手機會，所以說我們這裡是大刀的故鄉。」

因為花蓮慈院持續在推動團隊整合治療，為每一位病人做專屬的治療計畫，所以這裡的耳鼻喉科所收治的新癌症病人數，二十年來一直是全院最高。

治療癌症，支持系統也是很重要的一環，陳培榕觀察到不少病人都是單身，沒有家人照顧，凡事自己處理，所以有些營養都不太好。營養不良的話，免疫就會下降，癌症也可能更容易復發。

陳培榕還會看到，有些病人自暴自棄，根本不在意自己的健康；有些人甚至連家裡下一餐在哪裡都不知道，根本沒有心力照顧自己的身體。可能病人本身的營養已經不佳，加上獨居者沒人帶他看病、也沒有人提醒他吃藥或治療，往往錯失最佳的治療期和方式。陳培榕認為，歸根究柢，治療只佔病人健康系統的其中一部份，包括病人的生活方式在內，整個國家的醫療資源、家庭和社會支持系統都有關係。通常家庭支持系統和經濟狀況較佳的病人，存活率和預後品質會比較好。

有些病人治療起來比較困難，有些病人我行我素，還是繼續原本的生活習慣沒有改變。雖然病人不講，陳培榕也會知道。基於諸如此類的種種原因，留在鄉下看病的醫師似乎成就感會較低。對於病情太嚴重而進入末期狀態的案例，花蓮慈院也有堅強的安寧緩和照護團隊。

「我們現在有個案管理師，她很認真在追蹤病人、管理病人是否回診，這都是以前沒有的，我覺得我們醫療品質端在這裡做得還不錯。」對於在東部與居民長久相處的陳培榕而言，能夠看到病人恢復健康，就是最大的回饋。但影響病人健康的因素很多，對於家庭端、社會端的許多問題，雖然一時半刻還沒有辦法解決，但陳培榕認為，「就算是潛藏的社會問題，不是我們個人可以解決的，但我們還是要盡我們自己的微薄之力，不論是利用社福體系、基金會資源，或是慈濟在慈善或醫療上強大的志工系統，來把事情做好。我們真的要向這些醫療志工致上崇高敬意。」

第九章

不只是微薄之力

行醫將近三十年，陳培榕認為自己最大的轉變，就是對於事物的體會或看法漸漸有所不同。

「以前總覺卯足全力，到頭來依然改變不大；現在卻覺得，就算是盡微薄之力，我們還是有力量、還是可以做些改變。我現在不悲觀、但也沒有樂觀的權利。我也認為未來的世界，不見得會往好的方向走。所以我們現在每一點微薄的努力都很重要，只要積沙成塔，還是會有改變的力量。」過去，若沒辦法讓病人多活久一些，陳培榕不免心傷許久不能自已，現在則是傷心一下就好好繼續振作，因為還有下一個病人需要他協助。但另一方面，有些病人治好了，少了遺憾，高興一下就好，因為還會有下一個挑戰到來——這或許是他人生及社會哲學的一種轉變。

陳培榕想起一位原本罹患下咽癌、而後又有第二癌症口咽癌的病人太太曾對他說，「因為陳醫師的治療，讓先生多活二十幾年，也讓我們的家業可以繼續，整個家庭都得救了！」她的丈夫在四十二歲正當盛年時得到癌症，小孩只有國小六年級。而他幾年前往生的時候，小孩已經長大成年，足以接手父親的事業，病人生前對陳培榕二十年來的陪伴和守護深深感謝，病人的妻子也非常感激他，讓丈夫可以陪著孩子長大，繼續做家庭的支柱，全家因此沒有遺憾。聽了這番話，讓陳培榕感到很欣慰。

臨床診治病人、也從事教學與研究多年，喜歡讀書的陳培榕總保持著求知若渴的精神。他體會到，「人的社會」是最複雜的系統，任何其他物理系統複雜度都比不上人的系統；仍有很多無法掌握的未知，解決了一個問題之後還有另一個問題。然而這就是科學，不斷地尋求解答；有了解答之後，還會出現更多的未知。醫學的世界也是這領域一部分，因為當已有知識不斷累積的同時，背後也隱含了更多未知——這也是他面對知識的一貫態度，敦促他不斷求新求進。

陳培榕認為，每個人可能因為生活、背景、意識形態、價值觀等等因素，對同樣一件事情的看法往往不一樣。儘管如此，若要能做到包容他人的意見同時又不受到外力影響，有份信仰是很重要的。「我一直覺得人要有信仰和對價值的堅持。信仰不一定是宗教信仰，有一個價值觀的信仰是滿重要的。」

儘管身為醫師，不只在於治療病人，在其他許多事情上，常常仍會覺得束手無策。陳培榕說：「我會覺得要改變花東醫療非一蹴可及的，但急、重、難症本來就很難以處理，這也是證嚴上人有感於當年義診中心之不足，為了更進一步守護健康、守護生命、守護愛，一念慈悲之下因而蓋起這家醫院，做就對了，這是我佩服上人有遠見的地方。」

一天只有二十四小時。過去那位堅持理想的文學知識青年，在歲月流逝中，已經感受到年紀漸長，體力大不如前。以前陳培榕年輕時隨時都可以說睡就睡，現在他若在半夜醒來，常常就睡不著了。他說睡眠時間變短，是老化的一種現象。而現在最讓他不好意思的，就是叫錯病人名字。向來記憶力非常好的陳培榕，以前病人幾乎只要見過一次，他都能記得。現在就算病人比較多了一些，但是若依照以前的標準，陳培榕自認應該還是記得起來才對，但現在的他卻常有力不從心之時。

但陳培榕還是持續看病，喜歡讀書，固定到玉里慈院看診，固定巡房和教學。他常往內去探求，在生活中會不斷思考很多問題，思考和這個世界怎麼相處。他認為，好書讀得越多，就越能開拓視野，而有些書的人事物或理念，讓他知道有人類的多樣性存在，也讓他了解到人跟人相處之間，需要有更多的同理心與包容力。

因為對理想的信仰，陳培榕選擇到東部奉獻自己的力量，每當心頭出現無力感時，他總是靠自己調適，並保持對社會的關懷。對他而言，儘管在一個群體社會中，醫生只是一種職業和專業，但同時也應該具有知識份子的良知，用心醫治病人並關懷社會，這是最基本的涵養。不隨波逐流或以利益優先，同時關心時事的變化，這才是知識份子該具有的使命感。「就如韋伯所講的『實質理性（Substantive Rationality）』，以開放的心胸，去尋找志同道合的夥伴，大家互動與討論，團結起來，實際以智慧去解決問題，社會就可以往更好的方向發展。」

佛洛伊德的影響

陳培榕很喜歡讀佛洛伊德，然而佛洛伊德對社會的看法卻少有人瞭解。陳培榕坦言，讀了他的一本書之後，對自己的行醫路與社會觀發生了極大影響，特別是平等觀及自由觀。讓他印象最深刻的，不是《夢的解析》，而是一本冷門的書，書名為《文明及其不滿》（*Civilization and Its Discontents*）。這是佛洛伊德針對文化社會心理學的著作，內容提出了身而為人會遇到的幾個問題。第一個是人與自然、第二個是人與疾病、第三個是人與社會間的問題。

在佛洛伊德的時代，人類已經逐漸可以用自己的力量來克服自然和疾病。但在「人與社會」的關係上，佛洛伊德卻覺個人得沒有辦法擺脫這社會所帶給人的壓力，這其中很大的原因在於，因為社會種種的因素造成的不平等，讓人的自由受到限制。人，是被社會所壓抑的個體。

該書中所闡述的內容大致是說：當人們對自然與疾病的了解愈來愈多，也覺得較能瞭解與控制；但是在社會中，反而因為文明化而差距更大，社會不見得因此更公平。人愈覺得這個社會不受自己的控制並造成等級差別及壓迫，愈無法獲得安全與自由感；而在不滿的同時往往也發現，似乎是只有自己受到社會壓迫與剝削，沒有辦法解決，於是渴望著解放自己以獲得自由。

由此可知，在目前社會環境裡所稱的文明化，被大多數個人認為既不公平、也沒有自由，總是會有受到壓迫的人群試圖反抗文明化。陳培榕認為佛洛伊德的意思是：這些受

壓迫的人會起而用各種形式的反抗來克服人與社會的問題。

「我們說五四運動的知識份子是『德先生和賽先生』——民主（Democracy）和科學（Science），這兩項都很重要，我們要想怎麼把德先生和賽先生結合，讓世界朝著更美好的方向前進。」陳培榕認為，在未來的世界，不論是經濟、健康、性別，應該都是往更平等、更自由的境界前進。

日本的俳聖松尾芭蕉曾寫出一段充滿禪意的句子：「心之所至，我舀取清澈的河水，生火做飯。一滴滴流淌的河水使我陶醉，小小的柴堆使我心情愉快。」這短短的句子，似乎表現出了陳培榕行醫多年，仍安於恬淡的生活、開放的心胸與專注於醫療，並且樂在其中的心境。他說：「我覺得只要去堅持你的價值和中心思想，就不會隨波逐流，雖然有時會感到壓力，但是只要你有智慧就能克服。」

「我們總要有個方式，可以寄望來創造一個更理想、更自由平等的世界，讓這個世界沒有富貴貧賤的差別——這是我最基本的價值觀，也是慈濟醫院在這裡一直實踐著的理想。」他想起自己以前非常欽佩傳教士們始終如一的服務精神，還有無私無我的宗教情懷，而自己堅持在這所由宗教家建立的醫院服務已近三十年，雖不敢說「始終如一」，但他心頭總是很知足感恩！

就算只是微薄之力，我們還是有力量，還是可以做些改變，
我們沒有悲觀的權利、也沒有樂觀的權利。
就像未來的世界，它不一定會往好的方向走。
所以我們現在每一點微薄的努力都很重要，
只要積沙成塔，我們還是會有力量。

——陳培榕

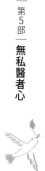

Caring 103

東臺灣頭頸癌診治專家：花蓮慈濟醫院陳培榕醫師傳記

陳培榕—主述 吳宛霖—撰文

出版者—心靈工坊文化事業股份有限公司
發行人—王浩威 總編輯—徐嘉俊
協力執行主編—曾慶方、楊金燕
特約編輯—王聰霖 責任編輯—饒美君
書名頁攝影—謝自富
內文版型設計 / 排版—陳俐君 封面設計—Ancy PI
企劃統籌—佛教慈濟醫療財團法人人文傳播室
校對—佛教慈濟醫療財團法人人文傳播室

通訊地址—10684 台北市大安區信義路四段 53 巷 8 號 2 樓
郵政劃撥—19546215 戶名—心靈工坊文化事業股份有限公司
電話—(02) 2702-9186 傳真—(02) 2702-9286
Email—service@psygarden.com.tw 網址—www.psygarden.com.tw

製版．印刷—中茂分色製版印刷股份有限公司
總經銷—大和書報圖書股份有限公司
電話—(02) 8990-2588 傳真—(02) 2290-1658
通訊地址—248 新北市新莊區五工五路二號
初版一刷—2022 年 7 月 ISBN—978-986-357-242-8 定價—430 元

國家圖書館出版品預行編目資料

東臺灣頭頸癌診治專家：花蓮慈濟醫院陳培榕醫師傳記 / 陳培榕 主述；吳宛霖 撰文 . -- 初版 .
-- 臺北市：心靈工坊文化事業股份有限公司 , 2022.07
256 面；14.8×21 公分 . --（Caring；103）
ISBN 978-986-357-242-8

1.CST: 陳培榕 2.CST: 醫師 3.CST: 臺灣傳記

783.3886 111007785